DESIGN ESTRATÉGICO

direções criativas para um mundo em transformação

ANDERSON C. S. PENHA & ANDRÉ R. COUTINHO

DESIGN ESTRATÉGICO

direções criativas para um mundo em transformação

ALTA BOOKS
EDITORA
Rio de Janeiro, 2017

Design Estratégico — Direções criativas para um mundo em transformação
Copyright © 2017 da Starlin Alta Editora e Consultoria Eireli. ISBN: 978-85-508-0183-4

Impresso no Brasil — 2017 - Edição revisada conforme o Acordo Ortográfico da Língua Portuguesa de 2009.

Publique seu livro com a Alta Books. Para mais informações envie um e-mail para autoria@altabooks.com.br

Obra disponível para venda corporativa e/ou personalizada. Para mais informações, fale com projetos@altabooks.com.br

Produção Editorial
Editora Alta Books

Produtor Editorial
Thiê Alves
Claudia Braga

Assistente Editorial
Juliana de Oliveira

Gerência Editorial
Anderson Vieira

Supervisão de Qualidade Editorial
Sergio de Souza

Produtor Editorial (Design)
Aurélio Corrêa

Editor de Aquisição
José Rugeri
j.rugeri@altabooks.com.br

Marketing Editorial
Silas Amaro
marketing@altabooks.com.br

Vendas Corporativas
Sandro Souza
sandro@altabooks.com.br

Vendas Atacado e Varejo
Daniele Fonseca
Viviane Paiva
comercial@altabooks.com.br

Ouvidoria
ouvidoria@altabooks.com.br

Equipe Editorial
Bianca Teodoro
Christian Danniel
Ian Verçosa
Illysabelle Trajano
Renan Castro

Revisão Gramatical
Marina Boscato
Priscila Thereso

Projeto Gráfico/ Diagramação
Pedro Savio

Capa
Ericson Straub

Dados Internacionais de Catalogação na Publicação (CIP)
Vagner Rodolfo CRB-8/9410

C871d Coutinho, André

Design estratégico: direções criativas para um mundo em transformação / André Coutinho, Anderson Penha. - Rio de Janeiro : Alta Books, 2017.
224 p. : il. ; 17cm x 24cm.

Inclui bibliografia, índice e anexo.
ISBN: 978-85-508-0183-4

1. Design. 2. Criação. I. Penha, Anderson. II. Título.

CDD 745
CDU 745

ALTA BOOKS
EDITORA

Rua Viúva Cláudio, 291 — Bairro Industrial do Jacaré
CEP: 20970-031 — Rio de Janeiro - RJ
Tels.: (21) 3278-8069 / 3278-8419
www.altabooks.com.br — altabooks@altabooks.com.br
www.facebook.com/altabooks

MAIS DEPOIMENTOS

"O design estratégico é um movimento e uma convergência de disciplinas em tempos de aceleração exponencial e tem um papel cada vez mais importante para determinar o sucesso de um produto ou modelo de negócio. As startups já falam esta língua e grandes empresas que pretendem fazer parte do cenário futuro também precisam se apropriar desses conceitos. Este livro mostra o caminho, partindo do abstrato ao concreto."

Jesper Rhodes Andersen, speaker e facilitador da Hyper Island

"Na atual economia as grandes oportunidades de negócios parecem nascer mais do que nunca do singelo, de uma inquietação. É uma era que nos obriga a nos observar internamente. Design estratégico não só é um retrato de rara clareza e contemporaneidade de nosso novo mercado, com suas complexas vertentes sociais e econômicas. É também um mapa que nos mostra o caminho das pedras de forma lúdica, que nos incentiva a observar e a resgatar o que há de melhor em nós para podermos assumir nosso papel da melhor forma possível."

Maurizio Mancioli, artista, designer e empresário

"Design estratégico demonstra ação. Sinto-me bem ao ver uma luz na abordagem [finalmente] sobre a arte nestes tempos ditos sombrios. A atividade criativa, especulativa e futurista usada na arte sequencial realmente tem sua importância na história. Grande prazer em ver essas considerações e abordagens aqui utilizadas. Pena que a sociedade continue presa a paradigmas e os startups sejam lentos."

Cavani Rosas, artista plástico

"Se você não pode prever o futuro, crie-o! Essa frase resume um pouco o conceito por trás deste livro de Anderson Penha e André Coutinho. Utilizando o design estratégico, eles nos desafiam e estimulam a imaginar o futuro por meio de técnicas modernas e criativas para leitura de tendências e projeção de cenários. Leitura recomendada para entender, aprender e criar valor neste mundo em constante transformação em que estamos vivendo."

Francisco Fortes, VP de Pessoas e TI da Gerdau

"Grande parcela da humanidade, inclusive no âmbito da comunidade acadêmica e das empresas, está perplexa frente às grandes transformações provocadas pela mudança de paradigmas que ainda está acontecendo em todo o mundo. Design Estratégico, elaborado em linguagem clara e compreensível, não só consolida os conceitos técnicos, como os democratiza, tornando acessíveis aos demais setores da sociedade. Design Estratégico, Ambientes Colaborativos e Transdisciplinares, Empreendedorismo, StartUps e Oportunidade de Negócios, tornam-se conceitos acessíveis, num ponto de equilíbrio que aproxima a erudição da academia à linguagem fluente do mundo dos negócios."

Ari Rocha, designer de produto

"Um mergulho no design estratégico. Em um mundo em pleno processo de transformação, este texto nos inspira a buscar o novo, a próxima grande transformacão de uma forma didática e clara. Traz vários exemplos através de cinco ensaios com empresas, pessoas e governos que estão conseguindo transformar a nossa sociedade. Uma viagem a uma zona ficcional que nos permite sonhar e imaginar novos conceitos e uma nova realidade."

Cynthia Hobbs, Vice-Presidente da Schneider Electric

Dedicamos este livro a todos aqueles que vivem a difícil jornada de darem vida a ideais que um dia foram um breve sopro de insensatez.

SUMÁRIO

AGRADECIMENTOS

Um escritor é um editor da realidade que o rodeia. Familiares, amigos, colegas. Artistas, filósofos, arquitetos, designers, empresários visionários. Vários desconhecidos. Estas são a fonte de tudo o que escrevemos aqui.

Obrigado a todos aqueles que incondicionalmente nos inspiraram e provocaram e nos libertaram do lugar comum.

Em especial agradecemos à toda equipe da Symnetics [Brasil e Chile] e Tantum [Colômbia e Mexico], que nos deram "licença para operar" num território desconhecido.

Às lideranças e equipes brasileiras de organizações que prototiparam os conceitos deste livro como Abbvie [Paula Campoy, Daniela Marques, Ingrid Brayner, Roger Miyake — hoje Bristol-Myers Squibb], Buscapé [Rodrigo Junco — hoje In Loco Media], Coca-Cola [Ana Maia — hoje Instituto Ayrton Senna, Marco Perocco], Fundação Telefonica Vivo [Americo Mattar, Luis Guggenbergh, Luciana Scuarcialupi, Gabriela Bighetti — ex-diretora presidente, Gustavo Nemezio, Patricia Santin — hoje Sementeira e Milada Gonçalves], Gerdau [Luiz Medaglia, Leonardo de Oliveira], Marcopolo [Petras Amaral, Fabiano Goulart, Alex Martinotto, Eduardo Kakuichi], Schneider Electric [Rogerio Zampronha — hoje CEO da Vestas, Corinne Fontenelle, Cynthia Hobbs, Rodolpho Fidalgo, Isabelle Kahakura, Thais Trevisan] e Votorantim [João Miranda, Nilma Ribeiro, Mirella Ugollini, Stephanie Anton].

Aos mentores Ari Rocha, Francis Gouillart, Harry West, Humberto Mariotti, Maria Antonia D'Arcy, Salvador Raza e Venkat Ramaswamy.

À incrível "rede de inovação" da qual destacamos Augusto Berté, Bruna Mainente, Bruno Solferini, Carlota Mingolla, Cavani Rosas, Daniel Egger, Dora Amiden, Érico Fileno, Ericson Straub, Fernando Guimarães, Lucas Nicolov, Luiz Bouabci, Luiz Maximus, Luiz Francisco de Toledo, Mariah Natale, Marcel Melfi, Marcelo Morais, Marcelo Fernandes, Max Yogoro, Mauricio Finotti, Roberto Uchida, Ricardo Uriuchi, Wendeline Van der Feltz, Wilgor Caravanti e Vitor Ishimura.

Aos professores e pesquisadores parceiros das escolas Instituto Mauá de Tecnologia [Claudia Facca, Rubens Pisseti, Pedro Latorre], IED SP / BCN [José Carreira, Scott Smith e John Willshire], Fiap [Leandro Rubim, Henrique Poyatos, Ricardo Fortes] e IAE [Luis Dambra, Patricio Guitart].

Sim, falamos a vocês que mantiveram contato conosco nesse nosso curto tempo de vida.

DESAGRADECIMENTOS

Aos críticos que só reclamam, mas que nunca fazem nada para mudar o mundo ao seu redor.

Aos omissos, aqueles que preferem não ver, não ouvir e não falar, ajudando a preservar a ignorância, a desigualdade, a mediocridade e a barbárie.

Aos ensimesmados que só valorizaram suas próprias ideias, têm baixa alteridade e empatia pelos outros e são incapazes de dialogar verdadeiramente.

Às pessoas e aos sistemas inibidores de sonhos, novos projetos e inovações.

Ao excesso de controles, à intolerância ao erro, à postura passiva diante das mudanças, ao medo, à falta de determinação, à postura de vítima.

PREFÁCIO

Se você já decidiu que vai ler este livro, o que está fazendo aqui? Arranje um lugar legal, confortável e comece logo a leitura, você não vai se arrepender.

Agora, se ainda tem dúvidas, vamos lá.

Esse livro é sobre administração, estratégia, gestão, processos, design, transformação, gente, intuição, tecnologias emergentes, experimentação, inovação, tudo junto e misturado, como deve ser no Design Estratégico. O entendimento deste conceito é fundamental para a sua empresa e para a sociedade atual e futura. Não temos mais, como apresentado nos capítulos que virão, o conceito do artesão da Idade Média, que era responsável tanto por conceber quanto produzir os artefatos. A sociedade atual tem foco em fazer e realizar coisas que foram criadas e pensadas por uma minoria. É necessário resgatar essa capacidade que envolve planejamento, conhecimento, mas também arte e intuição.

O contexto brasileiro de inovação é muito frágil. Países como Estados Unidos e Alemanha utilizam a força das instituições públicas para inovar. Por exemplo, a atual corrida pelos carros autônomos se iniciou de desafios lançados pela DARPA (Defense Advanced Research Projects Agency) nos EUA para construir veículos autônomos — o DARPA Autonomous Vehicle Challenge. Por outro lado, as leis brasileiras focam no desenvolvimento e não na busca de oportunidades e concepção de soluções. O Brasil e o brasileiro não planejam. Não imaginam. Não vislumbram o futuro.

Se analisarmos os relatórios da PINTEC (Pesquisa de Inovação Tecnológica), realizada trienalmente pelo IBGE com o apoio da FINEP e do MCTIC desde 1998, veremos que não houve grandes mudanças entre o primeiro relatório divulgado em 2001 e o último em 2012. A maior parte de nossa indústria copia ou licencia (royalties) produtos de terceiros, visto que as principais fontes de conhecimento para inovação, na ordem de importância, são: 1. Outras áreas da própria empresa; 2. Feiras e exposições; 3. Concorrentes. Apenas em quarto lugar aparece "clientes" como fonte de conhecimento e, mesmo assim, não há garantias de que seja através de técnicas de design centrado no usuário, mas sim de requisições feitas pelos clientes para a adequação de algum produto na relação normal entre cliente e fornecedor.

Além disso, um outro indicador da PINTEC denominado "Importância da Atividade Inovativa", que mensura a importância das atividades de inovação atribuída pelas empresas, também é preocupante, visto que apresenta a seguinte ordem de importância: 1. Aquisição de máquinas e equipamentos; 2. Treinamento [para usar aquelas máquinas]; 3. Projeto industrial e outras preparações técnicas [adequações para instalação das máquinas]. Apenas em quarto lugar aparece Atividades Internas de P&D e em sétimo lugar a Aquisição Externa de P&D.

Em termos globais o Brasil vem perdendo sua capacidade de inovação. Nossa posição no Global Innovation Index, produzido pela Cornell University, INSEAD, e a World Intellectual Property Organization [WIPO] em 2011 era 47°. Atualmente o Brasil é o 69° colocado, ficando atrás do Chile [44°], Costa Rica [45°], México [61°], Uruguai [62°] e Colômbia [63°], quando comparado com outros países da América Latina.

O que este livro traz deveria ser ensinado não apenas para os alunos, mas para os professores de cursos de administração, engenharias e design. Nosso modelo de universidade não é o de uma real união de diversidades, mas sim de um conjunto disforme de departamentos estanques e isolados em todos os níveis, dos professores aos alunos, impedindo que haja uma troca de problemas, oportunidades, cenários e pontos de vista. O que se prega aqui é o oposto: a união de disciplinas, olhares, contextos, intuições. Do contrário, nossos empreendedores e estudantes, assim como seus professores, continuarão com contextos restritos: ávidos por boas ideias, mas incapazes de enxergar bons problemas e oportunidades. Continuarão sendo criativos, como se diz de todo brasileiro, mas não inovadores.

É necessário gerenciar, desde o mais alto nível da empresa, o conflito constante entre a área de negócios e a área de inovação. O Departamento de Vendas ou Negócios é visto como centro de receitas, enquanto o de Inovação ,como centro de despesas. Esta visão míope faz com que bons projetos de inovação sejam barrados por negócios sob a ótica "Em time que está ganhando não se mexe". Infelizmente, alguém vai mexer e é melhor que sua própria empresa crie um novo produto que aniquile o anterior do que ver um concorrente fazer isso. Que o diga a Kodak e a Blockbuster: uma foi precursora de patentes de câmeras digitais, mas achou que seu negócio era vender filme e papel fotográfico; a outra foi convidada pela Netflix a adotar seu modelo de negócios e não aceitou. Ambas estão fora do mercado por não observar, de fato, o que seus clientes queriam.

É imperativa a construção de cenários para o futuro se queremos fazer parte deste futuro como protagonistas e não como coadjuvantes. Temos que participar da "construção do bonde" e não esperarmos que ele passe, correndo o risco de o perdermos (mais uma vez). Uma empresa (ou país) que define apenas o planejamento para o ano seguinte não está planejando, mas sim definindo orçamento. O conhecimento de métodos de Design Estratégico torna-se, assim, fundamental para observar, no presente, os caminhos para a construção do futuro desejado. Anderson e André trazem não apenas o conceito de Design Estratégico, mas também o processo que eles usaram na criação de cinco ensaios muito interessantes sobre o futuro.

É necessário entender a importância de entender de processos e gestão, mas também aceitar o desconhecido, a pivotagem, a ruptura, a destruição criativa, a intuição.

Como dito pelos autores, "o desafio maior é trabalhar as pessoas e a cultura das organizações e da sociedade para que rituais, símbolos e mitos de outrora sejam revisitados e ressignificados [...] abrindo espaço para a imaginação, a intuição e a criatividade."

Boa leitura!

Sérgio Cavalcante, CEO do CESAR

ESTE LIVRO HARMONIZA BEM COM

Trilha sonora: "Infra" por Max Richter

Cartela visual: "Blue Motion Background"

Concept art: "Technopriests" de Alejandro Jodorowsky, Zoran Janjetov & Fred Beltran

Concept game: Deus Ex: Mankind Divided

E um bom pingado!

MA NI FES TO

LEVANTEM-SE TODOS OS CRIADORES, CONHECIDOS OU NÃO. INCONFORMADOS POR NATUREZA E EMPREENDEDORES QUASE QUE INCONSEQUENTES.

CRIAÇÃO, INVENÇÃO, INOVAÇÃO É TAREFA DE HERÓIS, E HERÓIS VIVEM EM JORNADAS CUJO FIM DESCONHECEM. A ESSÊNCIA DO NOVO É QUE NÃO SE SABE DE ANTEMÃO O QUE ELE SERÁ. PORTANTO NO INÍCIO DE QUALQUER DESAFIO CRIATIVO RECONHECEMOS QUE NÃO SABEMOS A RESPOSTA NEM, MUITAS VEZES, A PRÓPRIA PERGUNTA E FICAMOS ABERTOS A IDEIAS QUE AINDA NÃO ESTÃO PRESENTES NA ESTRUTURA DO NOSSO PENSAMENTO.

DIZEM POR AÍ:"PREPARAM-SE PARA INOVAR!", MAS NUNCA É DITO COMO, POIS SABEMOS QUE O CAMINHO É SINUOSO, SEM REGRAS CLARAMENTE DEFINIDAS E NOS ESQUECEMOS DE QUE ALGO QUE DEU CERTO NO PASSADO NÃO É GARANTIA DE QUE VAI FUNCIONAR NO FUTURO. INDIVÍDUOS NORMALMENTE TREINADOS E RECOMPENSADOS POR SUA CAPACIDADE DE GERAR CONFIABILIDADE NÃO NECESSARIAMENTE ALCANÇARÃO AQUILO QUE FOI PREVISTO. AQUELES QUE TRABALHAM COM CRIAÇÃO ACEITAM O PULO NO DESCONHECIDO E SE UTILIZAM DE PROCESSOS ABDUTIVOS EM QUE A IMAGINAÇÃO PRECEDE A CERTEZA.

Em 1949, Joseph Campbell apresenta a Jornada do Herói como um padrão recorrente nos diversos mitos ao longo da nossa história:

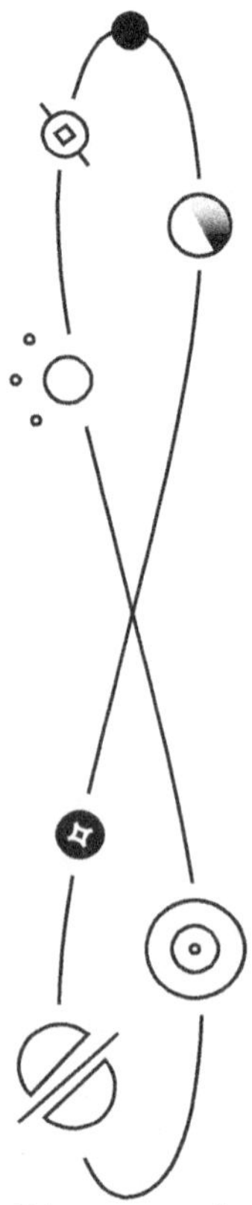

"O herói mitológico, saindo de sua cabana ou castelo cotidianos é atraído, levado ou se dirige voluntariamente para o limiar da aventura. Ali, encontra uma presença sombria que guarda a passagem. O herói pode derrotar essa força, assim como fazer um acordo com ela e penetrar com vida no reino das trevas [batalha com o dragão, oferenda, [...]]; pode, da mesma maneira, ser morto pelo oponente e descer morto [...]. Além do limiar, então, o herói inicia uma jornada por um mundo de forças desconhecidas e, não obstante, estranhamente íntimas, algumas das quais o ameaçam fortemente [provas], ao passo que outras lhe oferecem uma ajuda mágica [auxiliares]. Quando chega ao nadir [...] o herói passa pela suprema provação e obtém sua recompensa. Seu triunfo pode ser representado [...] pelo reconhecimento por parte do pai criador [...], pela sua própria divinização [apoteose] [...]; intrinsecamente trata-se de uma expansão da consciência e, por conseguinte, do ser [iluminação, transfiguração, libertação]. O trabalho final é o do retorno. [...], ele agora retorna sob sua proteção [emissário], se não for esse o caso, ele empreende uma fuga e é perseguido. [...], as forças transcendentais devem ficar para trás; o herói reemerge do reino do terror [retorno, ressurreição]. A benção que ele traz consigo restaura o mundo [elixir]."[1]

Criar para todos passa a ser uma jornada em que a inovação é o reconhecimento coletivo nos últimos estágios dessa longa e arriscada aventura. Toda criação não faria sentido se não houvesse uma modificação no status quo, uma provocação da sociedade. Criadores trabalham com pensamentos futuros [**future thinking**] cujos sinais e tendências já estão evidentes, emergindo ou são simplesmente pura imaginação. Moldam ideias e conceitos em territórios pouco explorados, antecipam movimentos e nos fazem acreditar que o futuro já é uma realidade entre nós, pois eles vivem em outro tempo e projetam a partir dele, especulando caminhos e traçando direções criativas.

Aqueles que transformam o mundo enquanto se transformam. Entram na jornada mesmo que por intuição, por um chamado, ideal ou causa maior, algo capaz de mudar a vida das pessoas e do planeta. Aceitam o desafio, resolver mais do que problemas, mesmo não sabendo direito o que estão fazendo.[2] O impulso de ingressar numa jornada nos coloca

1 // Campbell, J., *O Herói de Mil Faces*, página 241, Cultrix-Pensamento, 15ª edição, 2008.

2 // Extraído de Drucker, Peter, *Innovation and Enterpreneurship*, Harper Perennial, 1985.

um dilema (o dilema do inovador[3]): agir ou esperar, ser o primeiro ou o segundo, errar logo para aprender ou aprender com os erros dos outros. O dilema é o guarda da passagem do limiar da aventura da Jornada do Herói.

Assumir o apetite ao risco, em viver no limite entre o possível e o impossível. Deixar nascer a figura de um herói, às vezes misturado com a do apóstolo ou missionário. Lembrar-se de que criar não é para os fracos, pois você será testado, avaliado, julgado e, muitas vezes, censurado. No caminho encontrará inimigos, lidará com tentativas de boicote, barreiras materiais (falta de orçamento), técnicas (não existe tecnologia disponível), cognitivas (as pessoas não entendem), sociais (as pessoas não estão prontas) ou regulatórias (as leis não favorecem), porém, você não deve desistir. Resistências são necessárias para fortalecer ideias e ideais, refletir e evoluir continuamente faz parte da jornada. Indivíduos que se arriscam em mudar o estado das coisas aceitam as provações que poderão levá-los à glória e realização, mas que também poderão conduzi-los à queda e condená-los ao esquecimento.

Estamos mais uma vez em um período de nossa história onde valores, propósitos e visões passam por uma profunda ressignificação. É neste momento que o mundo clama por um poliprotagonismo formado por indivíduos conscientes de sua capacidade de transformação — que sejam capazes de ampliar as possibilidades das gerações que estão porvir.

Não se cale, manifeste-se! Use o meio e a linguagem que melhor lhe convier para mostrar ao mundo um caminho, uma opção. Pluralidade, essa é a chave para escolhermos o futuro que queremos viver. Este é um convite para você olhar o mundo como inspiração e fonte de insights infinitos, mergulhar na teia multidimensional da realidade e transformá-la pela imaginação e pela ação. Afinal, cabe a nós dar vida a nossas ideias e compartilhar o que aprendemos ao longo da jornada, não como regras a serem seguidas, mas como prova viva do que somos e experimentamos. Este texto pretende inspirar empreendedores, lideranças, gestores, designers, arquitetos, engenheiros, artistas e outros profissionais que querem proativamente transformar a sociedade e o mundo em que vivemos.

São Paulo, dezembro de 2016.

Anderson C. S. Penha e André R. Coutinho

3 // Expressão criada pelo professor de Harvard, Clayton Christensen.

O DESIGN DEVE

RE/FLETIR *a*

ESTÉTICA

PRÁTICA

nos NEGÓ-CIOS

MAS ACIMA DE TUDO O BOM DESIGN *deve* PRINCIPALMENTE SERVIR AS PESSOAS

Thomas J. Watson

DO NEGÓCIO PELO DESIGN AO DESIGN DE NEGÓCIO

UMA PERSPECTIVA EVOLUCIONÁRIA

DESDE SEMPRE A SOCIEDADE TEM VIVIDO EM RELAÇÕES COMERCIAIS. É DIFÍCIL PRECISAR AO CERTO QUANDO TAIS ATIVIDADES COMEÇARAM, MAS SABE-SE QUE ESTAS RELAÇÕES FORAM AS GRANDES RESPONSÁVEIS POR CRIAR E ESTIMULAR O QUE HOJE CHAMAMOS DE NEGÓCIO. A REALIZAÇÃO DE UM NEGÓCIO TEM COMO OBJETIVO PRINCIPAL A TROCA DE VALOR ENTRE AS PARTES ENVOLVIDAS DE FORMA DIRETA OU INDIRETA. E A PERCEPÇÃO DO VALOR INTERCAMBIADO É CONSTRUÍDA POR MEIO DE INTERAÇÕES COM PRODUTOS E SERVIÇOS QUE SE MOSTRAM CAPAZES DE FACILITAR, MELHORAR E TRANSFORMAR A VIDA DESTAS PESSOAS. A EXISTÊNCIA DE NEGÓCIOS TEM SIDO FOMENTADA PELA BUSCA CONSTANTE DA CRIAÇÃO DE VALOR E, INDEPENDENTEMENTE DO TEMPO E DAS DEFINIÇÕES SOBRE O QUE É VALOR, ESTA PREMISSA SEGUE VÁLIDA. QUANDO A DEMANDA É MAIOR QUE A OFERTA, NOVOS NEGÓCIOS SÃO ATRAÍDOS PARA O MERCADO E COMEÇA UMA COMPETIÇÃO ACIRRADA POR PARTE DOS OFERTANTES. NESTE CONTEXTO O NEGÓCIO BUSCA DIFERENCIAÇÃO PARA MELHOR ATENDER SEUS CLIENTES E OUTROS PÚBLICOS. E O DINAMISMO DE UMA ECONOMIA VAI SENDO IMPULSIONADO PELA INTENSIDADE DE INOVAÇÃO NOS NEGÓCIOS DENTRO DO SISTEMA. O ECONOMISTA SCHUMPETER SUGERE A EXPRESSÃO DESTRUIÇÃO CRIATIVA PARA MOSTRAR COMO EVOLUEM OS SISTEMAS ECONÔMICOS.

Antes da revolução industrial o valor dos produtos e serviços era muito próximo do trabalho de criação e produção do artista, do artesão ou dos trabalhadores das oficinas. Como cada cultura tem um relacionamento próprio com os artefatos, nesta época era difícil fazer uma separação geral válida entre artefatos de arte aplicada [**design**] e de arte pura. Com a revolução industrial, o negócio ganha complexidade, entra a figura do investidor capitalista e o trabalho se divide na indústria para gerar eficiência. Os meios de produção na Europa Ocidental foram aperfeiçoados e essas transformações acarretaram mudanças nos próprios artefatos fabricados. Até então, a criação ficava à cargo dos artesãos, que além de criar também produziam as coisas, mas a otimização dos processos necessitou de um rigor de projeto, fazendo com que surgissem novos profissionais especializados em projetar os produtos, ofício dos designers [projetistas]. A sociedade entra numa lógica econômica cujo paradigma é marcado pelo crescimento e progresso técnico tecnológico dos materiais, dos alimentos, do processo/produção e da informação e comunicação. O valor ganha um novo impulso, materializado nas inúmeras aplicações do design e das tecnologias em processos, produtos e serviços.

Pensar e fazer. Criar e produzir. Projetar e realizar. Desenvolver e experimentar tecnologias e aplicá-las na prática. O que antes era integrado, indissociável, inalienável no artista, no artesão e no trabalhador de oficina foi separado por força do modelo estabelecido pós-revolução industrial. Com o crescimento populacional e a necessidade de acomodar a população economicamente ativa no novo modelo, a grande maioria das pessoas passa a trabalhar com o objetivo de fazer, produzir, realizar e aplicar pensamentos, criações, projetos e tecnologias desenvolvidos por outras pessoas [uma minoria] em geral divorciadas da máquina capitalista de eficiência operacional. Esta minoria ainda pode ser encontrada nos ateliês de artes, nas universidades e centros de pesquisa, escritórios de design, agências de publicidade ou nas escolas de filosofia. Este paradigma foi marcante por 250 anos até o início do século XX e é sentido até os dias de hoje, basta observar os modelos e ferramentas de gestão aplicados pelas empresas, quase todos excluem o elemento criativo, projetual e experimental na gestão. Como exemplo a gestão de projetos aplica um método consagrado que parte de um conceito de projeto [o que fazer] previamente definido [por alguém] direto para a execução, sem nos ensinar como criar [projetar] o projeto [o anteprojeto].

Hoje sabemos que o valor está e sempre será associado aos elementos originais, intrínsecos, sutis e conceituais oferecidos pela criação, pelo design e pela tecnologia. A economia do tangível passou a dar brecha ao intangível, e o fortalecimento dos conceitos aplicados de marca, propaganda e design [enquanto estilo] ganham força e o valor é potencializado pela estetização do mundo[4]. Com o passar do tempo, criar e trocar valor entre indivíduos se tornou uma tarefa complexa. O que antes ocorria fisicamente entre indivíduos de uma mesma localidade passou a ser virtual, transnacional e atemporal. A saída dos feudos faz crescer o conceito de mercado e Marco Polo é um dos primeiros a relatar os negócios transnacionais realizados entre regiões distantes e que demandava uma nova lógica de construção de valor, pois o conceito de um produto na Itália não era o mesmo que na China. Dá-se aí inicio à especulação mercadológica e o valor do produto passa a capturar a percepção que o vendedor consegue construir com o comprador e conhecer a cultura local influencia substancialmente na criação de valor. Daí a incorporação dos elementos intangíveis aos produtos e serviços em qualquer lugar do mundo.

Desde os anos 1970, os negócios globais de países como EUA e Europa reorganizaram estrategicamente suas operações intensificando uma divisão internacional e empresas como Nike, Apple, Nestlé ou BMW mantiveram grande parte da criação, design e tecnologia, ou seja, a gestão do intangível, em seus países de origem enquanto orientavam a produção para países como China [a manufatura do mundo], Indonésia ou México. O fato é que países como o Brasil, que historicamente se situaram mais próximos dos receptores [e não dos criadores] de tecnologia e criação de outros países, pouco se empenharam em estimular e desenvolver uma cultura nacional de criação, design e desenvolvimento tecnológico local com apoio de governo, empresas e centros de pesquisa ou design. O resultado é a perda gradual do valor de suas culturas, marcas, produtos e serviços. A revista Monocle chama este valor intangível de **soft power**.

Ao se intensificar a comunicação e com o advento de novos meios como a internet e redes sociais, na primeira década do século XXI os parâmetros de valor passaram a ser revistos dentro de um novo paradigma, o da cocriação de valor entre instituições e indivíduos. Isto vem demandando novas formas de criar e trocar valor na sociedade e elementos como marca, relações públicas, inovação, sustentabilidade e desenvolvimento humano passaram a representar 1/3 do valor da empresa,[5] forçando os negócios a serem menos passivos na construção de valor.

---

4 // Expressão criada por Giles Lipovetsky [2015].

5 // Conforme relatado por Jonathan Low e Pam Cohen Kalafut em seu livro *Vantagem Invisível – Como os Intangíveis Conduzem o Desempenho da Empresa.*

A desmaterialização do mundo somada à cultura de colaboração encontrou no fenômeno recente da economia do compartilhamento a plataforma que faltava para que bens, serviços ou espaços ociosos ou improdutivos sejam trocados e usufruídos pelas pessoas sem a necessidade de intermediários ou detentores dos ativos tangíveis.

O que acontece então com os negócios no século XXI? Por um lado as mudanças se devem à aceleração das tecnologias de informação e comunicação hoje agregadas no "mundo digital", às transformações político-sociais como a inclusão feminina, o ativismo em prol da democracia e justiça social e maior conscientização na relação com o meio ambiente. Por outro lado uma nova geração de empreendedores entra em cena e figuras como Richard Branson, Ratan Tata, Jack Ma, Elon Musk, Muhammada Yunus, Mark Zuckerberg e Steve Jobs são algumas das personalidades movidas por um propósito transformador na sociedade. E nada melhor do que o Vale do Silício na Califórnia como emblema dos projetos de negócio que desafiam praticamente todos os setores existentes. Em comum a este novo perfil empreendedor o alto grau de experimentação com tecnologias emergentes, a prática de modelos de negócio não convencionais e financiamento com capital do investidor de risco [**venture capital**]. Inspirados pelo fenômeno das empresas nascentes de tecnologia [**startups**] e o aprendizado que decorre deste movimento [**lean startup**, **customer development**[6]], cresce em todo o mundo o número de empreendedores que se lançam na sociedade com conceitos, projetos e empreendimentos originais de impacto.

Os empreendimentos do século XXI de acordo com Salim Ismail [2014] estão configurando as chamadas organizações exponenciais. Além de se orientarem por um propósito transformador massivo [**mass transformative purpose**], praticam conexão ampla com a comunidade, aplicam inteligência artificial e contratam trabalho flexível sob demanda. Vale destacar o crescimento dos negócios de impacto social [ou negócios sociais] cuja capacidade de atingir milhões, às vezes bilhões de pessoas com produtos e serviços escaláveis e digitais ganham rapidamente simpatia dos públicos ou a antipatia de governos e órgãos reguladores[7]. O design [projeto] de negócio na era do intangível se apresenta como um movimento protagonizado pelo empreendedor, impulsionado por tecnologias emergentes, aplicando modelos de negócio digitais e organizado para se tornar exponencial.

---

6 // Para conhecer mais, vide *Lean Startup* de Eric Ries, e *The Startup Owner's Manual*, de Steve Blank e Bob Dorf.

7 // Os conceitos utilizados neste livro reforçam o design de negócio. Os princípios valem também para os modelos atuação ou projetos/programas de organizações social ou organizações públicas.

O movimento não para por aí. Consagrado em países como Inglaterra, Holanda, Estados Unidos e Canadá, crescem os negócios cujo **core business** [atividade principal] é a criatividade, o design e a tecnologia, atendendo organizações dos setores privado, público e social que demandam um **boost** criativo. O aglomerado [**cluster**] destas organizações forma a indústria criativa ou economia criativa, que em alguns países já supera 5% do produto interno bruto. A indústria criativa tem promovido a descentralização e a democratização do acesso ao ferramental necessário para criação dos projetos e por diversas cidades pelo mundo é possível trabalhar em espaços **makers** ou **hackers** onde qualquer um pode projetar e com auxílio de **softwares** de design, impressora 3D ou kits para sequenciamento de DNA, prototipar e dar vida às suas próprias criações. O **boom** da economia criativa é uma resposta clara ao mundo padronizado, repetitivo e sem emoção da era pós-Bauhaus[8]. Mas protagonizar projetos criativos nunca foi um esforço isolado. Nos EUA, sem a visão futurista da agência de governo DARPA, não seria possível a invenção da internet, do GPS ou dos sensores. O empenho de um governo visionário somado ao espírito empreendedor, ao conhecimento técnico-científico dos centros de pesquisa e design e a colaboração em rede têm possibilitado à criação de **clusters** criativos para novos projetos em cidades como Londres [ex: biotecnologia], Recife [ex: **software**] e Shangai [ex: nanotecnologia]. O Banco Mundial chamou esta harmoniosa articulação de tripla hélice.

Em resumo, o design nasce e cresce ligado à percepção do valor intangível dos negócios [produtos e serviços] de empresas [e marcas] a eles associados e aos países cujas marcas se orientam nesta direção [**soft power**]. Com o tempo, o design se torna na essência o projeto estratégico, a concepção original do negócio e da organização que o sustenta em todas as suas dimensões, proposições e formas.

8 // A Bauhaus, além de escola de arte, design e arquitetura dos anos 1920, é um movimento vanguardista alemão cofundado por Walter Gropius que influenciou a cara do capitalismo industrial do século XX com produtos funcionais e orientados ao mercado de massa.

INTEGRANDO MODOS DE PENSAR

O divórcio entre pensar e fazer, entre criar e produzir fez com que os profissionais de negócio fossem estimulados desde a sua formação, passando pelas tarefas como gestor a tomador de decisões, a aplicar uma lógica racional [dedutiva e indutiva], deixando pouco espaço para que o pensamento criativo e intuitivo contribuísse na construção de valor.

Diversos estudos, um deles realizado pela IBM com 1500 lideranças[9] e confirmado por outro da Adobe[10], sugerem que sem a liderança criativa ou a confiança criativa não será possível solucionar os desafios capciosos do nosso tempo. A busca crescente dos negócios por empreendedorismo, criatividade e inovação está diretamente relacionado à commoditização dos negócios, ao business as usual e à sensação geral que os conceitos e métodos aplicados pelas organizações já não são mais suficientes, como se o nosso modo de pensar e agir pertencesse a um mundo que já não existe mais.

Quando profissionais das organizações se permitem associar o modo de pensar lógico racional ao pensamento não linear [intuitivo, abdutivo ou contraindutivo[11]]: "temos não somente a oportunidade de buscar a diferenciação, como questionar todo o modelo de negócio vigente em busca de novas formas de criar e entregar valor", afirma Marty Neumeier [2008]. E quando estas duas estruturas de pensamento entram em choque, o efeito é desestabilizador e potencialmente disruptivo.. Empresas como Uber, Netflix e Spotify têm revolucionado não somente as formas de fazer negócio, mas o modo como pensamos economia e impacto social.

---

9 // *Capitalizing on Complexity*, IBM, 2010.

10 // *State of Create Study*, Adobe, April 2012.

11 // Como explicado por Feyerabend em seu livro *Contra o Método*.

NO BRASIL NÃO TEM SIDO DIFERENTE

I

A Natura criou uma linha de produtos de cuidados pessoais, o Natura Ekos (http://naturaekos.com.br/), dentro de um modelo de negócio inovador, cujo ciclo de concepção, transformação da matéria-prima e distribuição respeita uma lógica totalmente sustentável. A Natura trabalha milhares de fornecedores dos ingredientes naturais, cocriando o fornecimento sustentável das matérias-primas e preservando o meio ambiente. Uma das parcerias com a comunidade de ribeirinhos, povoado residente nas margens do rio Amazônia, trabalha a extração de matéria-prima dos produtos de modo a conservar a cultura e natureza local. O design dos produtos traduz a biodiversidade, há uma preocupação em adotar o máximo de tecnologias verdes na produção e retornar para os fornecedores parte do ganho econômico com os produtos.

II

Outro exemplo de ação em território brasileiro que tem chamado a atenção foi a criação da rede de colaboração Bliive (http://bliive.com/), cujo objetivo é fazer com que seus membros troquem conhecimento e experiências. A cada uma hora que um membro doa ensinando outros membros sobre um novo aprendizado, ele recebe um **time money** que poderá ser trocado por uma hora de aprendizagem em outro tema que ele não conheça.

III

A inovação de impacto social também ganha espaço como forma de gerar impacto na vida das pessoas. Junto com elas surgem tecnologias sociais, métodos de engajamento de **stakeholders** e arranjos público-privados capazes de transformar a realidade socioeconômica. Vale destacar as iniciativas Meu Rio, Poupa Tempo, Banco União Sampaio e Parque/Instituto Sitiê.

Cresce rapidamente o número de empresas [.com], organizações sociais [.org] e organizações públicas [.gov] que aplicam o design estratégico para repensar a identificação, criação e troca de valor. Por se tratar de uma mudança no modo de pensar das organizações, muitas delas enfrentaram desafios internos de se abrirem para o novo e passarem a trabalhar de forma mais criativa, colaborativa e empática com seus clientes, parceiros e outros públicos. O surgimento destes modelos é a prova viva de que um modo de pensar mais integrador tem emergido na sociedade. No Brasil e no mundo a lógica puramente mecanicista tem perdido espaço e vemos o surgimento de empresas alinhadas a um pensar mais holístico em que novas interações são aplicadas no campo social, a exemplo do valor compartilhado[12] com a comunidade ou integrado ao meio ambiente, visando reduzir os danos à natureza com iniciativas tipo **zero footprint**. O design para um mundo complexo, sabendo que o mundo sempre foi complexo, nós é que o simplificamos, revela um capitalismo mais consciente e suas empresas protagonistas são as **B-Corps**[13] que, por essência, prezam em buscar um modelo de negócio mais perene, transparente e sustentável.

Olhando para um passado não muito distante, alguém projetou os artefatos, o ambiente, as instituições, as regras nas quais vivemos atualmente. Na década de 1980 vimos no Brasil o surgimento de executivos responsáveis por criarem e implementarem estratégias de finanças e risco em meio à crise econômica; na década seguinte a globalização nos obrigou a criar e instituir os protocolos de qualidade e cresceu o número de gestores de processos e tecnologia de gestão nas organizações. No início do novo milênio inauguramos um estilo de vida móvel, hiperconectado, ubíquo, mas também mais consciente em relação ao impacto social e ao meio ambiente. Este **zeitgeist** foi projetado e invadiu nossas vidas por pessoas de empresas como Amazon, Google, Apple e Microsoft. A estas empresas e seus empreendedores devemos parte da disrupção vivida pelas organizações em praticamente todos os setores.

---

12 // Valor compartilhado [shared value] é uma prática de sustentabilidade e engajamento de stakeholders adotada por marcas como Nestlé e Coca-Cola.

13 // Saiba mais em: https://www.bcorporation.net/what-are-b-corps.

O desafio maior, portanto, é trabalhar as pessoas e a cultura das organizações e da sociedade para que rituais, símbolos e mitos de outrora sejam revisitados e ressignificados. É nesse espaço que um modo de pensar integrador entra para intervir na nova geração de valor: abrindo espaço para a imaginação, a intuição e a criatividade; demonstrando maior empatia com seus públicos e estando aberto à colaboração, à cocriação de valor; adotando uma postura empreendedora de risco e predisposição a experimentar algo novo.

O

RECONHECIMENTO

DE

EXISTÊNCIA

de DI·FE·REN·TES

NÍVEIS

DE REALIDADE

REGIDOS

por DIFERENTES TIPOS de LÓGICA é INERENTE À ATITUDE TRANSDISCIPLINAR

Basarab Nicolescu

DESIGN ESTRATÉGICO — UM MOVIMENTO TRANS-DISCIPLINAR

O MUNDO DOS NEGÓCIOS NÃO ACONTECE DE FORMA ISOLADA DA CULTURA E DA SOCIEDADE. NOS ANOS 50 PETER DRUCKER, GURU NÚMERO 1 DA ADMINISTRAÇÃO MODERNA, INTRODUZIA EM SEU SEMINAL "TEORIA DA FIRMA" QUE A FINALIDADE DE TODA ORGANIZAÇÃO É SOCIAL. O CONTEXTO SOCIAL, GRUPAL E INDIVIDUAL REGE NOSSO SISTEMA DE VALORES E CRENÇAS CONSTANTEMENTE,MAS É MODIFICADO CONTÍNUA E CRIATIVAMENTE PELOS EMPREENDEDORES. EMPREENDEDORES TIRAM DO PAPEL SEUS SONHOS E VISÕES DE FUTUROS DANDO VIDA AS IDEIAS E IMPRIMINDO A TODO INSTANTE SUAS MARCAS COM NOVOS MODELOS DESAFIANDO O STATUS QUO. NO INÍCIO DE QUALQUER EMPREENDIMENTO ACONTECEM MUDANÇAS SUCESSIVAS NOS PROJETOS ORIGINAIS DE NEGÓCIO, AS CHAMADAS PIVOTAGENS, ATÉ QUE O NEGÓCIO SE CONSOLIDE. OS EMPREENDIMENTOS PASSAM UM BOM TEMPO NA FASE DE STARTUP.

Os empreendimentos amadurecem e com eles surge a necessidade de traduzir visões em estratégias e estruturar organizações, processos, políticas e sistemas para operacionalizar e acelerar os empreendimentos. Surge então a figura do executivo:

[s.m.]
"Quem comanda e administra uma empresa ou organização financeira."
[adj.]
"Responsável pela execução, cumprimento das leis, normas ou regulamentos;
Executor; capaz de executar ou de realizar.
Quem comanda e administra uma empresa ou organização financeira.[14]

Executivos formulam estratégias a partir da visão forjada por uma mente empreendedora e recebem dos empreendedores o poder sobre formulação de estratégias e decisão sobre políticas, investimentos e contratação de recursos. As escolas de negócios compartilharam por muitos anos a prática de formar administradores em áreas como marketing, finanças, operações, recursos humanos, capazes de analisar racionalmente opções estratégicas, decidir sobre a alocação de recursos e gerenciar sua execução. Com o tempo esta prática se transformou em uma limitação, uma vez que a administração forma tipicamente executivos e não empreendedores.

Diante dos acontecimentos do final da década de 1980, o simbolismo deixado pela queda do muro de Berlim e o fim da guerra fria, o mundo caminha para a globalização. Muitas empresas começaram a ver o mundo como seu mercado, e os executivos ampliam seu papel e se tornam **controllers** da estratégia. Não só a **expertise** funcional [como marketing, finanças, operações] passa a ser valorizada, mas também a capacidade de pensar sistemicamente o setor e a relação com clientes e outros **stakeholders**. Por meio do controle estratégico, de processos e operações buscava-se eficiência, confiabilidade e redução do risco. Como ferramenta central da estratégia podemos destacar a proposta de valor [ou posicionamento estratégico] que foi a maneira encontrada pelas empresas para criar diferenciação e, mais tarde, inovação de valor no mercado[15]. Como ferramenta principal da gestão, o **PDCA** [**plan**, **do**, **check**, **act**], um contínuo planejar, executar, controlar e agir pela gestão. As empresas apontavam para um tipo de

14 // Recorte feito a partir da interpretação do dicionário de língua portuguesa online.

15 // Para saber mais sobre Proposta de Valor, vide Porter, M. [1999] e, Kim, C. E Maugborne, R. [2005].

formação nas escolas de negócios um gestor capaz de controlar e garantir a execução da estratégia, maximizando o retorno e minimizando o risco sobre o investimento. A palavra de ordem era a busca pela excelência operacional. No caso das multinacionais, as estratégias eram discutidas globalmente e cada localidade era responsável por fazê-la acontecer de maneira mais eficiente possível. Despontava, portanto, nas organizações, o papel do Gestor:

[s.m.]
"Administrador; indivíduo responsável pelo gerenciamento e pela administração dos bens, dos negócios que pertencem a outra pessoa ou instituição."
[adj.]
"Capaz de administrar, de gerir: departamento gestor." [16]

No final da 1ª década do novo milênio o mundo já passava por mudanças significativas com evolução da internet, criação das redes sociais digitais; a sociedade industrial começa a dar espaço para a sociedade da informação e do conhecimento. As certezas de outrora já não se aplicam e a entrada no jogo de múltiplas partes interessadas faz com que a previsibilidade criada pelos gestores sucumbam diante da complexidade. Nesse momento as estratégias globais passam a ser vistas como estratégias glocais[17], onde as decisões individuais dos executivos e gestores abrem espaço para coparticipação das diversas partes interessadas como clientes, fornecedores e parceiros[18]. A agenda de inovação entra em cena e para que ela aconteça, o design e a criação se tornam um **must**. E de que forma o modo de pensar e princípios do design afetam a administração dos empreendedores, executivos e gestores?

ooo

ESTAR ABERTO PARA O NOVO

O design olha para frente em busca de novas possibilidades e não para trás com foco em dados e informações do passado. Isto contrasta com a gestão convencional em

16 // Recorte feito a partir da interpretação do dicionário de língua portuguesa online.

17 // Descrição: https://pt.wikipedia.org/wiki/Glocaliza%C3%A7%C3%A3o

18 // Tradução livre para "Stakeholders".

que as decisões se baseiam numa análise cuidadosa de dados e informações conhecidas, são elaborados planos para prever o futuro e as operações são controladas para seguir o plano. A abordagem de design requer que as pessoas se comprometam com uma jornada cujo destino desconhecem. O design aceita esse pulo no desconhecido, na complexidade: para eles é confortável usar processos abdutivos em que a criação precede a análise — "o conhecimento está no ato de pular", como diz Roger Martin (2011). E o trabalho do designer em um mundo complexo passa a ser de criar ou ajustar conexões entre coisas que antes eram desconexas.

MOSTRE EMPATIA COM AS PESSOAS, PARTES INTERESSADAS E O CONTEXTO

O design procura inspiração nas pessoas e no contexto onde está inserido e não só no **know-how** de especialistas. A inspiração vem de ver ou ouvir diversas fontes, observar, perceber atentamente tudo o que há em um contexto atual ou futuro, desenvolvendo empatia com todos aqueles que compõem um contexto e são capazes de criar múltiplos pontos de vistas. Enquanto aprendem com as pessoas e com o contexto, procuram as oportunidades, os desafios, os problemas e pensam num modo de resolvê-los. Passam a ver aquilo que é relevante, fazendo com que façamos parte de algo maior: podendo criar uma experiência relevante e que provoque a pensar no verdadeiro valor por trás de cada coisa. Uma ótima alternativa é combinar soluções criativas que resolvem problemas com uma experiência que se relacione com os valores das pessoas e da sociedade. Nesse movimento da busca pela empatia, é notório que um dos desafios de aprender com as pessoas é que elas talvez nem saibam o que querem no futuro. Por isso, não devemos confundir o ato de escutar e observar necessariamente como uma direção e sim como uma inspiração.

FOCAR NA EXPERIÊNCIA

O design cria de fora para dentro. Não começa pelas restrições, mas projetando futuros, conceitos e experiências para depois encontrar formas criativas de materializar esta experiência. Mas experiências vão além dos produtos e serviços e dizem respeito à subjetividade e emoção das pessoas. As experiências são multidimensionais e requerem uma equipe multidisciplinar para seu design — uma mistura de habilidades, disciplinas e atitudes encontradas em diferentes campos do conhecimento como a arte, filosofia, arquitetura e a psicologia. O design por si só já é um campo multidisciplinar. Em especial, uma boa equipe é formada por pessoas que entendem as restrições do negócio e possam trabalhar dentro delas, mas também por pessoas que simplesmente não veem restrições e trabalham fora delas.

FAZER UM PROTÓTIPO E APERFEIÇOAR

O design faz experimentações para aprender e aperfeiçoar de forma constante: o protótipo é a linguagem da experimentação, o tubo de ensaio da criação. Quando a gente se depara com a incerteza, muitas vezes é mais rápido e barato construir um protótipo e executar o experimento para descobrir. Quando se está aperfeiçoando é mais rápido e mais barato construir algo que é imperfeito, para aprender o que é necessário para o aperfeiçoar. E quando chega a hora do lançamento e é preciso implementar a ideia, um protótipo é a maneira mais convincente de comunicar o que precisa ser feito. Um protótipo é o modo como se capta a ideia e busca entender o que vai ser feito, para conseguir o apoio necessário.

ooo

Sabe-se que os modelos de administração aprendidos até o início dos 2000 já não eram mais suficientes para atender o mundo volátil, incerto, ambíguo e complexo[19]. Abre-se espaço para hibridização do modelo e um diálogo maior entre administração e outros campos do conhecimento ligados a criação e design. Escolas de negócios têm então que dialogar com a criação, e com o design, para tentar moldar um perfil cognitivo que possa lidar com a complexidade, construindo assim um modo de pensar mais integrador, unindo o pensar e fazer criativo e projetual do design com o conceito e a prática da administração de empreendedores, executivos e gestores.

Ao modo de pensar do design + administração, acrescenta-se um **plug in** indispensável aos empreendimentos do século XXI, o das tecnologias emergentes. Tecnologias emergentes são avanços contemporâneos e inovações em diversos campos da tecnologia, muitas das quais têm surgido na convergência tecnológica de diferentes sistemas, com o mesmos objetivos de evolução como meta. Uma das convergências mais potentes têm sido o NBIC (um acrônimo para Nanotecnologia, Biotecnologia, Tecnologia da informação e Cognição) e o **STEAM** (**Science**, **Technology**, **Engineer**, **Arts** e **Mathematics**). O **hall** de

19 // Vide mais informações sobre o acrônimo VUCA (volatile, uncertain, complex, ambiguous) introduzido no campo militar dos Estados Unidos na década de 1990.

tecnologias emergentes inclui desenvolvimentos significativos e de impacto em diversos campos, tais como produção digital, robótica, inteligência artificial e manipulação genética. O campo das tecnologias emergentes incorpora ainda as tecnologias sociais ou tecnologias de impacto social, incluindo arranjos, modelos e sistemas sociais que vêm sendo empregados por organizações sociais, coletivos independentes e governos para reverter ou transformar a realidade da educação, diretos civis ou pobreza.

Chamamos este movimento transdisciplinar de design estratégico. Movidos pela concepção do design, formulação e execução de estratégia dos empreendedores, executivos e gestores, adotando tecnologias emergentes e experimentais. Vale ressaltar que o design estratégico não é, como muitos acreditam, um adjetivo de um design mais próximo da estratégia, da administração [dos empreendedores, executivos e gestores], mas uma fusão dos 3 campos do conhecimento.

O design estratégico cria, portanto, um "terceiro incluído"[20] que é um campo original de conhecimentos:

Os fundamentos se interpolam da seguinte forma:

ADMINISTRAÇÃO:

visão de mundo – economia e livre iniciativa;

fontes e análise – setores econômicos, mercado e clientes/**stakeholders**;

métodos – estratégia, planejamento, controle/gestão e startups.

DESIGN:

visão de mundo – transformar a vida das pessoas/o mundo em que vivemos; a expressão humana pela arte;

fontes e análise – o mundo como inspiração, percepção assertiva [acuidade] e empatia com as pessoas e os diferentes contextos;

métodos – criação e exploração/ideação/prototipação.

---

20 // Conceito criado por Basarab Nicolescu sobre a necessidade de incluir um 3º modo de compreender e intervir na realidade para representar a fusão de duas outras leituras [já existentes] sobre a realidade.

TECNOLOGIAS EMERGENTES:

visão de mundo – impactar [positivamente] milhões/bilhões de pessoas;

fontes e análise – avanços científicos, experimentos e convergência tecnológica;

métodos – científico e experimental.

HÁ UM PONTO DE CONVERGÊNCIA ENTRE OS 3 CAMPOS DE CONHECIMENTO:

da administração/estratégia - a proposta de valor [posicionamento estratégico];

do design – os princípios do projeto [**design guidelines ou design principles**];

das tecnologias emergentes - a promessa da tecnologia [**technology promise**].

O resultado dessa fusão gera uma formulação, planejamento, execução e manutenção da estratégia de modo mais experimental e criativo, onde:

A definição de visão [ir de "A" para "B"], passa a ser visões experimentais de futuros [ir de "A" para múltiplos caminhos a serem experimentados];

A missão passa a ser regida por aspirações de propósito.

O principal ponto de convergência entre os 3 campos de conhecimento relaciona-se com a promessa de valor da administração [proposta de valor], das tecnologias emergentes [promessa da tecnologia] e do design [princípios do projeto].

Estratégias e iniciativas estratégias são construídas a partir da decupagem da visão de futuro em territórios [áreas de oportunidade] e conceitos de produtos, serviços, experiências de marca, modelo de negócio/atuação, estratégias emergentes, transformação do negócio [**business transformation**] e da sociedade.

CARACTERÍSTICAS E RESULTANTES DOS 3 CAMPOS DE CONHECIMENTO

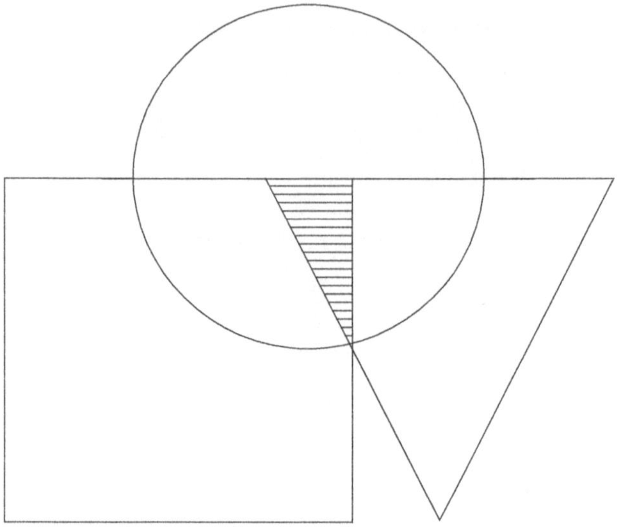

□ ADMINISTRAÇÃO ▽ TECNOLOGIAS EMERGENTES

○ DESIGN ≣ ZONA TRANSDICIPLINAR LINGUAGEM COMUM A TODOS

ADMINISTRAÇÃO

- □ ***visão de mundo*** - economia e livre iniciativa;
- □ ***fontes e análise*** - setores econômicos, mercado e clientes/**stakeholders**;
- □ ***métodos*** - planejamento, controle/gestão e startups.

DESIGN

- ○ ***visão de mundo*** - transformar a vida das pessoas/o mundo em que vivemos; a expressão humana pela arte;
- ○ ***fontes e análise*** - o mundo como inspiração, percepção assertiva [acuidade] e empatia com as pessoas e os diferentes contextos;
- ○ ***métodos*** - criação e exploração/ideação/prototipação.

TECNOLOGIAS EMERGENTES

▽ ***visão de mundo*** - impactar [positivamente] milhões/bilhões de pessoas;

▽ ***fontes e análise*** - avanços científicos, experimentos e convergência tecnológica;

▽ ***métodos*** - científico e experimental.

PONTO DE CONVERGÊNCIA

/// ***administração*** - proposta de valor [administração/estratégia];

/// ***design*** - princípios do projeto [**design guidelines ou design principles**];

/// ***tecnologias emergentes*** - promessa da tecnologia. [**tecnology promise**]

RESULTANTES

visão de futuro

territórios e propósito

*conceitos de produtos, serviços, marcas ou de negócio/atuação, estratégias; emergentes e transformação dos negócios [**business transformation**].*

A ENTRADA DO FATOR CRIAÇÃO NO CICLO DO PDCA (PLAN DO CHECK ACT) DA ADMINISTRAÇÃO

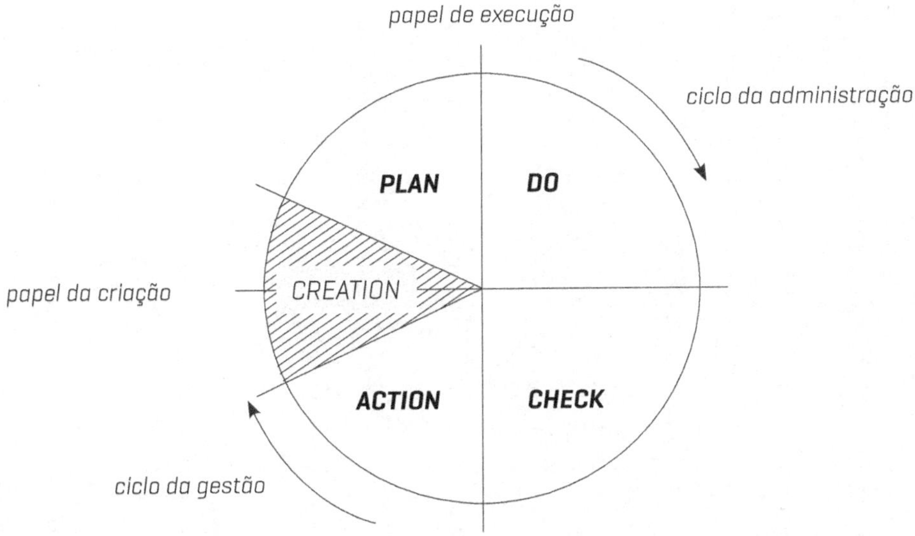

EU DEVO

CRIAR UM SISTEMA OU

SER ESCRAVIZADO

por

OUTRO HOMEM;

EU NÃO

VOU / E

RACIOCINAR / COMPARAR:

MEU NEGÓCIO

é

CRIAR.

William Blake

DECO DIFI CANDO O DESIGN ESTRA TEGICO

INTRODUÇÃO AO MOVIMENTO

UNS ACREDITAM QUE AS MUDANÇAS SÃO MOTIVADAS POR FATORES EXTERNOS. PARA ESTAS PESSOAS O FUTURO É ALGO PROVÁVEL E ESTÁ EVIDENTE QUE ALGO VAI ACONTECER; OU POSSÍVEL, TALVEZ ACONTEÇA E É MARCADO PELA INCERTEZA. MAS EXISTE UM TERCEIRO FUTURO, O DESEJÁVEL, UM ESPAÇO INEXPLORADO E COM CRIATIVIDADE, ENGENHOSIDADE E EMPREENDEDORISMO, PODEMOS MOLDÁ-LO COM IDEIAS, CONCEITOS E REALIDADES.

MAIS IMPORTANTE DO QUE IDEALIZAR FUTUROS É TRAZÊ-LO AO PRESENTE POR MEIO DE EXPERIMENTOS. DESDE A DÉCADA DE 1970 A SHELL JÁ ANUNCIAVA O FIM DO PETRÓLEO E COLOCAVA ENTRE SEUS OBJETIVOS A BUSCA POR FONTES ALTERNATIVAS DE ENERGIA, TORNANDO-SE PRECURSORA EM TECNOLOGIAS LIMPAS COMO EÓLICA E A SOLAR. EM 1996 A PHILIPS SE LANÇOU NO PROJETO VISION OF THE FUTURE CUJO OBJETIVO ERA ANTEVER OS IMPACTOS DA VIDA MODERNA EM SEU PORTFÓLIO DE PRODUTOS. O PROJETOS SE ESTENDEM ATÉ HOJE SOB O NOME "90 YEARS OF DESIGN"[21], ONDE MÚLTIPLAS HISTÓRIAS FICCIONAIS E FACTUAIS MOSTRAM AS DIVERSAS ORIENTAÇÕES CRIATIVAS A SEREM TRABALHADAS ESTRATEGICAMENTE PELAS EQUIPES DE PLANEJAMENTO, PRODUÇÃO E GESTÃO DOS NEGÓCIOS DE AMANHÃ.

---

21 // https://www.90yearsofdesign.philips.com/stories.

O futuro chegou. Ficção e realidade já não estão mais separadas. O próprio cinema que alimenta o imaginário das pessoas e produziu obras-primas como "Blade Runner" e "2001" passou de especulador para criador de novas tecnologias. Cineastas como James Cameron têm oferecido à comunidade científica uma contribuição singular. A tecnologia projetada por Cameron para vasculhar os escombros do Titanic foi utilizada em 2012 pela National Geographic no Deepsea Challenger para explorar o fundo do mar a 35.800 pés, a maior profundidade já atingida até então por um equipamento.

Como vimos no capítulos 2 e 3, o novo empreendedor do século XXI aproxima cada vez mais os projetos de negócio ou projetos sociais de um futuro antes distante. O movimento **hacker** e **maker** tem despertado uma legião de jovens curiosos para experimentar tecnologias emergentes como robótica e biotecnologia, cujo progresso científico tem sido exponencial. Tecnologias estas a serviço de um projetar estrategicamente a partir das necessidades das pessoas, do contexto e do planeta com geração de negócios escaláveis e digitais.

Os projetos mais inovadores do carro elétrico [Tesla] ou do autônomo [Google] nasceram fora da indústria automotiva que tem mais de 100 anos. A maior rede de hotéis [Airbnb] não tem um ativo sequer. A maior escola do mundo em número de alunos [Coursera] é acessível livremente e gratuita. É inegável a influência de tendências como a inteligência artificial e economia do compartilhamento entre nas reflexões sobre a estratégia das empresas. Ao conectar tendências e especular futuros criam-se visões e territórios e os projetos conceito que deles decorrem. Este exercício provocativo permite às organizações explorarem espaços de oportunidade, fazerem suas apostas sobre o futuro e trazê-los ao presente por meio de experimentos que promovam aceleração de ideias.

Entendemos que o design estratégico é um movimento, mais do que um conceito, um processo ou um método. Para desvendar este movimento, trataremos do campo cognitivo, do campo exploratório e nosso modus operandi para este movimento.

PREPARANDO-SE PARA O MOVIMENTO

Cognição é o processo humano e social de aprender, conhecer, pensar, perceber, imaginar e julgar. Para criar ou mesmo assimilar visões de mundo diferentes daquelas das quais estamos acostumados, precisamos expandir ou modificar nossa própria cognição.

DE QUE FUTURO ESTAMOS FALANDO?

De um futuro que já se manifesta pela multiplicação de fatos e evidências? Cabe ao designer estratégico participar deste futuro encontrando seu espaço, sabendo que este espaço já está sendo ocupado por outros que também já estão vivendo este futuro.

De um futuro emergente que está surgindo por meio de invenções, protótipos e experimentos? Neste caso cabe ao designer explorar espaços de oportunidade por meio de conceitos que são lançados e validados pela sociedade e, em seguida, prototipados. Trata-se de um futuro incerto e os **stakeholders** podem resistir à mudança prolongando o **time to market** ou levando à anulação do projeto. Como Roy Amara explicou de forma muito sucinta: "A gente costuma superestimar o efeito de uma tecnologia no curto prazo e subestimar o efeito a longo prazo".

De um futuro preferido ou desejável que, nas palavras de Henry Thoreau, se traduz no "mundo como um quadro em branco para nossa imaginação". Neste campo o projeto se aproxima da ficção e os conceitos que surgem serão amplamente debatidos pela sociedade antes de se tornarem algo aceito por todos.

QUAL É A NOSSA PREDISPOSIÇÃO EM MUDAR MODELOS EXISTENTES OU CRIAR NOVOS?

O futuro é uma continuidade, melhorando os modelos que já existiam no passado mas promovendo uma melhor experiência de valor para todos?

Ou o futuro se molda incorporando tendências que estão surgindo? Partindo de novos comportamentos do consumidor, de tecnologias emergentes, de movimentos sociais ou de modelos alternativos de negócio/atuação, mudam-se as regras do jogo.

Ou nos lançamos em projetos de potencial disruptivo, partindo para criar novos modelos [rompendo com os existentes] e gerando impacto irreversível em nossas vidas?

QUAL É A ORIENTAÇÃO DO DESIGN?

Um exercício de empatia permite a compreensão das necessidades e expectativas não atendidas das pessoas. O design centrado no humano começa pelas pessoas, prototipa, testa soluções e melhora a realidade do mundo.

Transformar a realidade da educação, da segurança ou da saúde sempre esteve no discurso de empresários, políticos e governos, mas também de empreendedores sociais visionários como Sugatra Mitra e Salman Khan. O design centrado no contexto busca resolver grandes questões da sociedade e do planeta tais como a crise hídrica ou uma maneira factível e viável de se armazenar energia. Então, por que não projetar para impactar 1 bilhão de pessoas?[22]

Já o design especulativo, ou **design fiction**, utiliza métodos e processos narrativos e ficcionais para levantar questões, visualizar e explicar realidades utópicas ou distópicas levando à resignificação ou criação de rituais, mitos e símbolos da sociedade.

PARA QUANDO ESTAMOS PROJETANDO?

É difícil mover-se para fora do espírito do tempo [**zeitgeist**] com todos os condicionamentos típicos do contexto histórico e cultural que estamos vivendo, por isso a maioria de nossos projetos se orienta para atender às demandas de curto prazo com soluções conhecidas.

Porém, é possível estar adiante dos demais, explorando um tempo que ainda está por vir, mas que já mostra sinais [ainda que fracos] de alteração da realidade. É a próxima onda, o **next**, o futuro emergente.

Ou nos colocamos ainda mais adiante, no depois do amanhã. Muitas organizações se viram forçadas a criar áreas e estruturas de **after next** e **foresight** para lidar com realidades imaginárias 20 ou 30 anos adiante.

---

22 // Desafio lançado todos os anos pela Singularity University aos seus alunos do GSP — Global Solutions Program.

CAMPO COGNITIVO DO DESIGN ESTRATÉGICO

	CAMPO CONVENCIONAL DO DESIGN	CAMPO DO DESIGN ESTRATÉGICO A PARTIR DO FUTURO	
TIPOS DE FUTURO	**PROVÁVEL** EVIDENTE	**POSSÍVEL** EMERGENTE	**PREFERIDO** ESPECULATIVO
PREDISPOSIÇÃO	**INCREMENTAL** MELHORAR O JOGO	**ADAPTATIVO** MUDAR AS REGRAS DO JOGO	**DISRUPTIVO** CRIAR UM NOVO JOGO
ORIENTAÇÃO DO DESIGN	**HUMANO** MELHORAR A REALIDADE	**CONTEXTO** TRANSFORMAR A REALIDADE	**FICÇÃO** CRIAR UMA NOVA REALIDADE
ZEITGEIST	**HOJE** ATENDER DEMANDAS	**AMANHÃ** ALTERAR DEMANDAS	**DEPOIS DO AMANHÃ** CRIAR DEMANDA

ABORDAGENS E APLICAÇÕES NA PRÁTICA

Enquanto a maioria das organizações investe no campo convencional do design para um futuro provável, com projetos incrementais, orientados ao humano e solucionando problemas do hoje, diversas organizações optaram por instituir espaços, centros, laboratórios, **hubs** ou experimentos para explorar o campo do design estratégico a partir do que está por vir[23]. Identificamos quatro abordagens ou estágios de aplicação do design estratégico: visões/territórios, conceito/**props**, protótipos e empreendimento.

23 // Fontes: 3M, Fundação Telefônica Vivo, Marcopolo e Siemens — apresentação no Strategy Execution Summit organizado pela Symnetics todos anos em São Paulo; Google, Natura, Bradesco e Stora Enso — artigos em revistas, jornais s sites de notícias tais como Monocle, Fast Company e Wired.

VISÕES E CONCEITOS INSPIRANDO GERAÇÕES

O primeiro e segundo estágios antecipam tendências criando ou se apropriando de conceitos emergentes. O objetivo é comunicar, sensibilizar, mobilizar e influenciar **stakeholders** e especialistas. Espera-se, assim, provar a visão [ou cenário futuro], os territórios [espaços de oportunidade], o conceito [de tecnologias, produtos, serviços e experiências futuras] e os props [protótipos conceituais].

Por meio da iniciativa Pictures of the Future [Pof] a Siemens reúne, a cada seis meses, dezenas de especialistas de várias áreas em todo o mundo para discutir o futuro e suas implicações nos próximos 20–30 anos. No Brasil, a Siemens lançou, em 2012, o **Pictures of the Future Rio de Janeiro + 20** em virtude da Copa 2014 e Olimpíadas 2016. Visões como "Fique bem no Rio" [referente à saúde e bem-estar] ou "Tudo deve fluir" [40 minutos de qualquer ponto no Rio ao centro da cidade] são fonte de inspiração para a própria da Siemens, que vem trabalhando em pelo menos 10 novas soluções pensando no RJ do futuro.

O conceito de cidade inteligente vem sendo construído há 10 anos para representar um ambiente que embute sensores, inteligência artificial/coletiva e internet das coisas em objetivos físicos espalhados pelo ambiente urbano. Este ambiente impulsiona a interatividade, a conectividade, a criatividade e a tomada de decisão inteligente. Este conceito foi rapidamente apropriado pela IBM e, depois, por outras empresas como Cisco e GE, que, por sua vez, têm convencido governos a adotarem produtos e serviços destas empresas, parceiros de tecnologia a desenvolver soluções ou simplesmente conquistar a adesão da população em geral.

Em 2015, a Fundação Telefônica Vivo instituiu um hub de inteligência[24], chamado Visões + 15 para debater com a sociedade, e sobretudo com as organizações sociais brasileiras [como fundações, institutos e ongs], tendências e futuros emergentes tais como "Centênios", a nova dinâmica social das pessoas vivendo mais e "Voluntivismo", consequência do movimento de ativismo e da cidadania digital.

---

24 // Ver http://visoesdefuturo.fundacaotelefonica.org.br

PROTOTIPANDO E EMPREENDENDO FUTUROS

No terceiro e quarto estágios aparecem protótipos e empreendimentos. Os projetos atingem os primeiros clientes desde sua fase inicial de teste e ganham escala comercial [no caso de negócios] e social [no caso de impacto social]. Os estágios de prototipação e empreendimento são etapas de aprovação do projeto.

A Google X Lab surgiu com o projeto ainda em fase experimental do carro autônomo e já reuniu mais de 100 projetistas de novas tecnologias e negócios de futuro. Outro projeto, o Google glass, depois de muito investimento e amplo debate na sociedade, voltou para a prancheta e está sendo reorientado para aplicações industriais. O polêmico projeto Loon do balão posicionado na estratosfera e que oferece internet gratuita vem tirando o sono das empresas de telefonia.

A Marcopolo criou em 2013 um **Innovation Center** para orientar o design ao contexto da mobilidade urbana e rodoviária [amanhã] e ao transporte nas cidades do futuro [depois do amanhã]. A Marcopolo está para lançar uma nova linha de ônibus orientada para o conforto buscando transformar a experiência das pessoas que sofrem os efeitos crescentes da hiperconectividade e uma nova linha de serviços voltados para a mobilidade chamada Marcopolo Systems.

A 3M New Ventures se juntou a mais de 60 startups em áreas promissoras de futuro como biotecnologia, como é o caso da Ecovative que faz embalagens biodegradáveis a partir da combinação de um fungo com resíduos orgânicos. Por meio de uma prospecção proativa e global em incubadores e aceleradoras, laboratórios de pesquisa de universidades e centros de pesquisa, fundos de venture capital, a 3M pretende se antecipar ao mercado e resolveu se associar a projetos embrionários e a ideia é que os projetos sejam incorporados ao negócio da 3M ou vendidos [total ou parcialmente] em 3-4 anos.

+ ABSTRATO → **+ CONCRETO**

ESTÁGIO	VISÃO / TERRITÓRIOS	CONCEITOS (PROPS)	PROTÓTIPO	EMPREENDIMENTO
OBJETIVO	Antecipar tendências e movimentos; apropriar-se de conceitos emergentes.	Experimentar, testar e validar hipóteses com a sociedade.	Estrutura, organiza e tangibiliza as ideias, permite a análise de factibilidade e viabilidade dos projetos.	Startups incubadas e aceleradas na empresa ou em instituições como universidades, governos, organizações sociais.
INICIATIVAS	Comunicação, sensibilização, mobilização e reflexão com stakeholders e especialistas.	Experimentação de conceitos futuros por meio de PROPS; fomentação de debates e levantamento de controvérsias na sociedade. Originação dos negócios pertinentes e promissores para o futuro.	Validação das ideias. Teste A/B com partes interessadas. Lançamento Alfa e Beta e captação de recursos.	Alcance dos primeiros clientes [early adopters]; busca no 2° momento de ganha escala comercial.
RESULTADO	Construção ou delimitação de campos de conhecimento futuro relevantes para o debate público.	Teste de hipóteses e Prova de conceito.	Tangibilização e Viabilização de ideias.	Validação e ajuste de modelo de atuação/ negócio e de proposta de valor estabelecida.
EXEMPLOS	IBM — Cidades Inteligentes Siemens — Pictures of the Future Stora Enso Fundação Telefônica Vivo — Visões de Futuro + 15	Duas de Cinco + Cóccixência [Vídeoclipe — Criolo] Project Natal Corning - A Day Made of Glass Sight [Futuristic Short Film]	Holo lens Google glass Tesla — Bateria para casas	3M New Ventures Marcopolo Innovation Center Intel Venture

Conectando os estágios ao ciclo de vida de adoção da inovação de Everett Rogers [1962], o estágio de conceito deve atingir uma parte dos inovadores e o estágio de protótipos, a outra parte dos inovadores. A etapa de empreendimento alcança os **early adopters** na incubação e a **early majority** na aceleração.

OS ESTÁGIOS RELACIONADOS COM O CICLO DE VIDA DE ADOÇÃO DA INOVAÇÃO DE EVERETT ROGERS

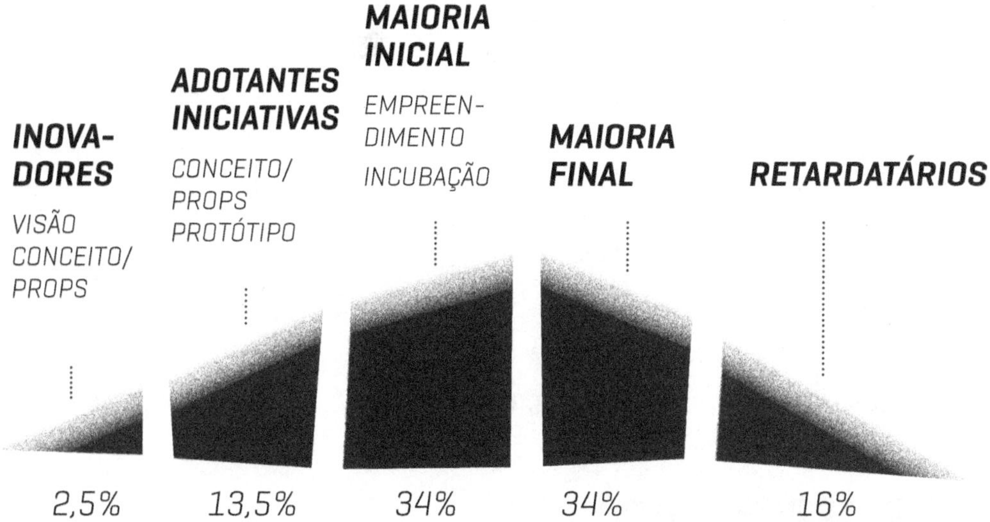

NOSSO MODUS OPERANDI

Nosso aprendizado em parcerias estratégicas com organizações no Brasil e América Latina nos permitiu construir a trilha de um movimento[25]. O objetivo aqui é apresentar à comunidade um modo de projetar estrategicamente e que deveria ser aplicado em contextos organizacionais de reorientação estratégica, incerteza em relação ao futuro e abertura para o novo [inovação, novos negócios]. Sua aplicação deveria envolver lideranças, **stakeholders**, especialistas e parceiros num diálogo cocriativo e construtivo. Nas organizações as áreas de planejamento estratégico, inovação/p&d/design, novos negócios, marketing e recursos humanos têm impulsionado este movimento como forma de aproximar o presente do futuro.

25 // Agradecemos às parcerias estratégicas com organizações no Brasil e América Latina: Gerdau, Marcopolo, Fundação Telefônica Vivo, Sebrae, Votorantim, Coca-Cola e Grupo Nutresa.

NOSSO MODUS OPERANDI , GERALMENTE APLICADO DE MODO ITERATIVO

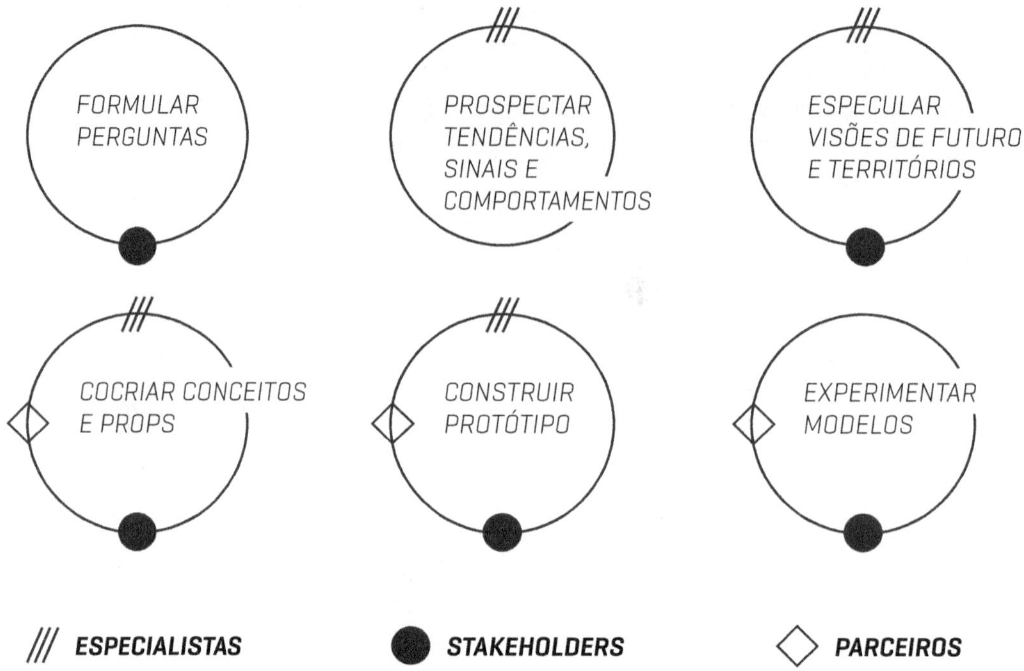

FORMULAR PERGUNTAS

O QUE É

Inicialmente, procura-se delinear o contexto sobre o qual irá se debruçar para prospectar sinais e tendências e, a partir dele, criar futuros possíveis, prováveis ou desejáveis. O contexto é estabelecido na forma de perguntas, problemas, desafios, mas também surpresas, apostas contra indutivas, curiosidades, restrições, oportunidades, ameaças, crenças ou peças faltantes. Ao longo do movimento as perguntas poderão serão reformuladas [**reframe** da pergunta], sobretudo na etapa de prospecção de tendências, sinais e comportamentos, cujo olhar inicial dos projetistas será provavelmente ampliado ou modificado.

Nesta etapa, recomenda-se um entendimento sobre a orientação cognitiva e visão de mundo [**stance**] de quem está projetando como forma de trazer consciência e explicitar a subjetividade.

PERGUNTAS-CHAVE

Qual a orientação cognitiva — tipo de futuro, predisposição, orientação do design e **zeitgeist** — das nossas perguntas?

O que queremos saber sobre o futuro relacionado com o contexto sobre o qual estamos trabalhando?

Sobre quais temáticas iremos direcionar nossa prospecção e especulação de futuro?

FATORES CRÍTICOS DE SUCESSO

Alinhamento cognitivo entre quem decide e quem projeta.

Qualidade das perguntas: as mesmas traduzem problemas e desafios reais?

PROSPECTAR TENDÊNCIAS, SINAIS E COMPORTAMENTOS

O QUE É

Busca proativa de tendências[26], sinais evidentes [fortes] ou emergentes [fracos] e comportamentos para obter uma visão holística sobre o ontem, o hoje, o amanhã e o depois de amanhã, utilizando:

desk research
mapeamento digital [big data]
sourcing
cocriação com stakeholders e especialistas
design research

DESK RESEARCH

Curadoria em diferentes fontes tais como **think tanks**, periódicos, livros, blogs, sites e vídeos. O mapeamento pode trazer movimentos, produções acadêmicas, conceitos, protótipos ou produtos/serviços/modelos de atuação já disponíveis.

---

26 // Segundo as definições tratadas por Guillaume Erner [2015].

Por um lado, este método permite sistematizar tendências e sinais. A busca é feita por meio de **tags** [no ambiente web também conhecido como **hashtags** com o símbolo #]. Em geral, cada tendência é sustentada por uma taxonomia, sinais que as sustentam e controvérsias, ou seja, polêmicas, contratendências ou contramovimentos da sociedade a respeito desta tendência. Vale salientar que o modo de pensar, o olhar do curador é crucial neste processo, de forma que a ordenação de tendências e sinais recebe o viés de quem as manuseia.

EXEMPLO DE MAPA DE TENDÊNCIAS E TAGS SOBRE A EVOLUÇÃO DA SOCIEDADE

AUTOFORMAÇÃO & NOVAS FORMAS DE APRENDIZAGEM

Homeschooling
Experience Learning
Crowdlearning
Open University

NOVAS FRONTEIRAS LEGAIS

Bióetica
Direitos digitais
Crimes cibernéticos
Direitos das minorias

ATIVISMO & REPRESENTAÇÃO SOCIAL

Brand advocacy
Democracia participativa
Mídia independente
Ativismo autoral

RECONFIGURAÇÃO DO TRABALHO

Holocracia
Startups corporativas
Nuvem humana
Silverpreneurs

ECONOMIA DO COMPARTILHAMENTO

Moedas sociais
Uberização
Crowdfunding
Gig economy

CIDADES INTELIGENTES

Urbaneering
Social big data
Urban farming
Cidade criativa

ECONOMIA DE RECURSOS

Eficiência energética
Logística reversa
Economia circular
Resíduos sólidos / orgânicos

TECNOLOGIAS EMERGENTES

Inteligência artificial
Biotecnologia
Nanotecnologia
Indústria 4.0

ECONOMIA DE RECURSOS

Constatação de que os recursos físicos do planeta não são abundantes, mas limitados para demandas crescentes da economia e da sociedade e consequente tomada de consciência com ações preventivas e corretivas para reduzir ou rever o padrão de produção, consumo e "pegada" do ser humano no meio ambiente.

CONTROVÉRSIAS

Predisposição das instituições [governos, empresas etc].

Consciência forçada.

RAIA-ROBÔ

Jovem holandês cria raia-robô para limpar lixo plástico dos oceanos.

youtube.com/watch?v=ROW9F-cOkIQ

MAPEAMENTO DIGITAL (BIG DATA)

Vivemos em um período onde as transformações acontecem de forma acelerada e até desenfreada. A sociedade tem questionado seu rumo e os indivíduos que a compõem seguem tentando viver cadenciadamente uma mudança de cada vez. Viver em nossa época passa a ser um experimentar constante e a busca por uma vida cada vez mais inteligente, onde a eficiência é medida a partir da resolução de pequenos problemas, tem estimulado um crescente volume de troca de dados que se bem trabalhados passam a servir como fonte de **insights** poderosos sobre a sociedade. O **big data** tem revelado a programação social, nossos paradigmas, valores e crenças, promovendo reflexões sobre o modo como queremos viver nossa vida futura. Passamos a aprender não somente com nossos hábitos, mas sobre eles.

Esta grande massa de dados tem permitido criações mais conscientes e consistentes por partes dos designers estratégicos e, por meio de algoritmos/APIs[27], conseguem captar, visualizar e analisar referências, incidências e padrões de comportamentos que poderão ser posteriormente trabalhados. Vale também citar casos como o Nike Plus e o compartilhamento dos dados de corridas nas ruas de milhões de pessoas, Netflix e o uso de **big data** na criação de "House of Cards"[28], Spotify com #yearmusic (https://yearinmusic.spotify.com/) e o uso do SAP pela seleção da Alemanha na Copa do Mundo de 2014 no Brasil. O **big data** tem mostrado que servirá para mais do que a entender comportamentos. Sem percebermos, estamos sendo levados a uma convergência tecnológica, onde a tecnologia da informação acoplada à nanotecnologia, biotecnologia e tecnologias cognitivas tem expandido o conceito de cibercultura e criado novas facetas para as habituais interações entre homem-homem, homem-máquina e máquina-máquina, permitindo assim, o surgimento de uma inteligência artificial global, baseada no volume gigantes de dados gerados e trocados a partir da junção dessas áreas.

Empresas como Thomson Reuters e NYTimes[29] têm utilizado seus ativos intangíveis (dados) para traçar novos comportamentos pela análise preditiva. O superalgoritmo Watson da IBM já tem condições de mapear, entender, analisar e visualizar uma grande massa de informações espalhadas a partir de 28 APIs na nuvem, incluindo

---

27 // APIs são application program interfaces, capazes de ler e organizar com inteligência grande quantidade de dados.

28 // http://nyti.ms/1DVP8ZK

29 // New York Times Future Labs (nytlabs.com).

detecção facial, análise de sentimentos, classificador de linguagem natural e tagging de imagens.

A transgressão tecnológica em diversas frentes tem criado uma brecha entre o que podemos fazer e o que estamos prontos para fazer. O ganho dessa consciência coletiva ainda está no começo e seus **insights** servirão de insumos poderosos para as criações de amanhã. Atualmente, é válida a ressalva que o desconhecimento do novo torna natural a resistência por parte da sociedade, mas será somente questão de tempo para que a "tecnoética" seja estabelecida, traçando limites claros do uso dessas informações para o desenvolvimento e o resguardo da sociedade.

Entretanto, o **big data** tem viés e limitações, o viés de quem cria algoritmos segundo critérios específicos é restritivo, e as limitações de quem interpreta os dados e produz uma análise que na essência é subjetiva [não objetiva]. Como diz Tetlock e Gardner [2016], análises preditivas não são ciência exata, muito menos previsão do futuro. Abordar tendências por meio de **big data** não é exatamente precisar as mudanças no tempo, mas mostrar a incidência e força com que elas aconteçam. A inteligência, em última instância, pertence a quem projeta os sistemas de captação de dados e analisa/interpreta os resultados. De qualquer forma o uso do **big data** deve impactar substancialmente a velocidade, a qualidade e a assertividade com que realizamos o design estratégico.

SOURCING

Este método permite acessar modelos similares, análogos ou disruptivos como fontes de inspiração das quais poderão ser extraídas características ou atributos para o design estratégico que queremos empreender. Este **benchmarking** em outros contextos e modelos permite a realização de um exercício de conexão forçada com novos elementos [surpresas, contraindução, aspectos intrigantes], possibilitando a geração de **insights** e ideias originais.

Quando o Santander reconheceu que seus funcionários eram pessoas e não apenas bancários, traçou uma comparação com outras profissões em seus extremos, como inspiração para seu novo sistema de avaliação de desempenho. Professores e alunos numa escola Waldorf, jogadores de games, estilistas de moda, observando como as outras pessoas em outros contextos sociais fazem seu trabalho, ganharam uma nova percepção sobre como fazer avaliação de desempenho em um banco. A inspiração para uma concessionária de veículos transformar seu serviço não nasceu de um **benchmarking** em outras concessionárias, mas da visita a outros contextos análogos como a consultoria técnica de equipamentos eletrônicos [notebooks, celulares, tablets] ou de como funciona a relação entre terapeutas e seus pacientes.

COCRIAÇÃO COM STAKEHOLDERS E ESPECIALISTAS

Diálogo com **stakeholders**, especialistas e autoridades sociais. Este modo permite olhar o contexto e a realidade com diferentes lentes, como se tivéssemos diferentes intérpretes. E ativam diferentes públicos de modo que a multiplicidade de visões amplia o significado e a percepção sobre os contextos. A cocriação e suas variantes [**crowdsourcing**, inovação colaborativa, inovação aberta] podem ser uma ferramenta poderosa neste sentido. As organizações estão se tornando cocriativas ao engajarem partes interessadas para cocriar valor e construir em conjunto com partes interessadas é envolver pessoas como cocriadoras de forma inclusiva, criativa, significativa e transformadora[30].

O Hospital Moinhos de Vento usou um processo de cocriação engajando diversos públicos internos e externos: pacientes, enfermeiros, médicos, familiares e o pessoal de atendimento que estão em constante contato com todos. A chave para envolver esses diferentes atores foi fazer com que dialogassem sobre suas experiências e interações e imaginassem experiências ideais que criassem valor mútuo. Aprendendo com interações tão diversas, interesses e expectativas diferentes, o pessoal do HMV foi incentivado a pensar fora da caixa e até mudar de caixa. O HMV Empresa, um novo modelo de negócio, onde empresas clientes podem personalizar, com um consultor de saúde, pacotes específicos para as necessidades de seus executivos. O hospital expandiu sua marca e serviços pela oferta de uma solução completa para as empresas e ampliou os serviços hospitalares, instalando uma unidade avançada de atendimento médico dentro de seus clientes corporativos.

DESIGN RESEARCH

Imersão etnográfica [**deep dive**] na vida das pessoas. Neste tipo de exploração, os designers observam a fundo o comportamento, as motivações, experiências, expectativas, angústias, dificuldades e aspirações/sonhos das pessoas[31]. As diver-

30 // Para conhecer em mais detalhe as ferramentas de cocriação sugerimos as leituras de *A Empresa Cocriativa*, de Venkat Ramaswamy e Francis Gouillart, e *O Paradigma da Cocriação*, de Venkat Ramawmay e K. Ozcam.

31 // Para conhecer mais sobre as diferentes ferramentas de design research, vide *Design para Negócios*, de Heather Fraser, ou *101 Design Methods*, de Vijay Kumar.

sas ferramentas deste método permitem aprofundar a pesquisa sobretudo para os **stakeholders** diretamente envolvidos com o design. Nos últimos 20 anos, o design research reuniu dezenas de ferramentas, disseminadas por firmas especializadas de design como Ideo, Frog e Continuum, e que vêm sendo aplicadas de forma ampla para o design de produtos e serviços.

Quando a Syngenta compreendeu as restrições financeiras de seus clientes de defensivos agrícolas, decidiu criar um sistema de barter, no qual os produtores rurais podem pagar a Syngenta com suas próprias safras [como café e soja]. Este sistema acrescentou um novo negócio para a Syngenta: trading no mercado futuro de commodities. Após entrevistar dezenas de mães com a pergunta "O que é importante para você na sua interação com seu bebê de 0-3 anos", a P&G descobriu que o "desenvolvimento do bebê" [psicomotor] é o aspecto mais relevante. Com este **insight** a P&G redesenhou o produto e a marca Pampers.

IDENTIFICANDO CONTROVÉRSIAS

Para toda ação há sempre uma reação oposta. A sociedade nunca foi e nunca será homogênea e sempre será pautada por movimentos de experimentação que provocam debates com opiniões opostas. As consequências positivas ou negativas de novos experimentos são continuamente colocadas à prova e, desta forma, é natural que para cada tendência criada existam contratendências na forma de polêmicas e controvérsias. O design estratégico que antecipa futuros enfrentará a resistência da sociedade, dos governos e das lideranças políticas, sociais e empresariais que não vão entender de antemão, vão temer, resistir, negligenciar e até boicotar a mudança.

Pensar o futuro é diferente de tentar prevê-lo. A dinamicidade, irracionalidade e as questões morais e éticas trazidas pelo novo não são possíveis de serem previstas e somente pela experimentação por meio de visões/territórios, conceitos/props, protótipos e empreendimentos o novo empreendedor é capaz de provar, comprovar e aprovar suas ideias. O grande desafio para quem empreende é acelerar o grau de aceitação do novo pela sociedade — uma questão de adesão — e fazer com que o novo seja entregue conforme prometido — uma questão de capacidade e infraestrutura disponível. Em geral analisamos controvérsias do ponto de vista dos **stakeholders** direta ou indiretamente impactados pelas tendências, sinais e comportamentos.

EXEMPLOS DE TENDÊNCIAS MAPEADAS EM 2016 E CONTROVÉRSIAS TRAZIDAS PELA SOCIEDADE

TENDÊNCIA	CONTROVÉRSIA
QUARTA IDADE E ALONGAMENTO DA VIDA	*Sustentabilidade da previdência* *Adaptações nos padrões de carreira e ambiente corporativo* *Fronteira ética do alongamento induzido da vida*
ECONOMIA DE RECURSOS	*Predisposição das instituições [governos, empresas etc]* *Consciência forçada*
CONVERGÊNCIA TECNOLÓGICA	*Transumanismo* *Caráter experimental [não comprovado] de tecnologias afetando a segurança [em sentido amplo] da sociedade*

TENDÊNCIA	CONTROVÉRSIA
RECONFIGURAÇÃO DAS CIDADES	*Impacto ambiental do crescimento urbano* *Inclusão X Exclusão* *Crescimento desenfreado*
NOVAS FORMAS DE TRABALHO E CARREIRA	*Restrições das leis trabalhistas* *Trabalho com carteira assinada* *Incompatibilidade dos profissionais versus empresas* *Conflito geracional*
ECONOMIA COMPARTILHADA	*Controle fiscal, monetário e cambial dos governos* *Redução do consumo e do crescimento (econômico)*

CONECTANDO OS PONTOS – GERAÇÃO DE INSIGHTS

Como resultado dos achados gerados seja por **desk research**, mapeamento digital [**big data**], **sourcing**, cocriação com **stakeholders** e especialistas ou **design research**, projetamos uma visão integrada sobre o contexto, traçando um panorama retrospectivo [10, 20 ou 30 anos para trás], contemporâneo [atual] e prospectivo/especulativo [5, 10, 15 ou 20 anos para frente], conectando tendências, sinais e comportamentos para visualizarmos o tempo futuro. Neste exercício, busca-se valorizar a capacidade de se contemplar os fenômenos e evidenciar relações incidentes ou como bem resumiu Steve Jobs, "conectar os pontos" [**connecting the dots**].

Insights sobre o futuro nos fazem refletir sobre mudanças que ocorrem em um tempo-espaço. A construção de uma linha de tempo é imprescindível para desenhar ações conscientes de manutenção, intervenção e ruptura dos padrões e paradigmas estabelecidos em qualquer sistema de crença construído em uma sociedade. Entender o futuro do passado e as decisões tomadas ajudarão a ver uma das relações de causa-efeito mais difíceis de se perceber e a causa-efeito deslocada no tempo-espaço.

1980 — **1990**

RETROSPECTIVO

"Alimentos que dão prazer e fazem bem [Geração Coca-Cola]"

SOCIAL

Consumo de Industrializado

PRODUTOS INDUSTRIALIZADOS COMO SINAL DE STATUS

Migrações para as capitais

Trabalho distante de casa

Mulheres no mercado de trabalho

Empresas sem restaurante

Comer fora é um luxo

TECNOLOGIA

Fast food

MARMITEX

Walkman

MTV MUNDO

Computadores

ECONOMIA

Economia fechada

ESTOQUE DE ALIMENTOS

HIPERINFLAÇÃO

Congelamento de preços

AMBIENTE

Recursos abundantes

Protagonismo do Greenpeace

POLÍTICA

Diretas Já

Queda do muro de Berlim

FIM DA DITADURA

1ª Eleição Direta no Brasil

1990 — **2000**

RETROSPECTIVO

"Ter é poder, o mundo sem barreiras"

SOCIAL

BUSCA PELA PRATICIDADE

PRODUTOS IMPORTADOS COMO SINAL DE STATUS

Busca por produtos elaborados

DISTÚRBIOS ALIMENTARES

Individualização do comer

Cozinhar em casa é perda de tempo!

Comer fora é uma necessidade

TECNOLOGIA

Praças de alimentação

EXPLOSÃO DOS CURSOS DE NUTRIÇÃO

Dietas milagrosas

MICRO-ONDAS

MTV Brasil

PRODUTOS LIGHT & DIET

Microtecnologias

ECONOMIA

ESTABILIDADE ECONÔMICA

Boom da comida congelada

Farra do Consumo

Massificação do consumo industrializado

Globalização

Abertura de mercado

Aumento das redes de restaurantes

AMBIENTE

ECO 92

Aumento do lixo

POLÍTICA

O PSDB assume a presidência do Brasil

Nova política econômica

IMPEACHMENT

2000 — **2010**

RETROSPECTIVO

"A busca pela vida saudável"

Anacronismo social

Da culinária para a gastronomia

Novas estruturas familiares

Equilíbrio Corpo x Mente x Espírito

Bônus demagógico

HOMENS NOS AFAZERES DOMÉSTICOS

Campanha do Orgulho Brasileiro

SLOW MOVEMENT

Conceito de "junk food"

Ser belo é ser magro

Ensino profissionalizante

LUTA CONTRA OBESIDADE

Sofisticação dos serviços

Fast food

GADGETS

REDE SOCIAL "VOZ COLETIVA"

Uso da WEB

Páginas dinâmicas

Iphone

3G

Inícios de tecnologia em Rede

Dólar acima dos R$ 3,00

Perigo da inflação

ASCENSÃO DE NOVAS CLASSES ECONÔMICAS

Euro

Força feminina no mercado de trabalho

Crise econômica

Cidadania planetária

Preocupação com meio ambiente

Encurtamento do tempo e espaço

Tsunami na Ásia

FOCO EM ECOEFICIÊNCIA

Novo código civil brasileiro

O PT assume a presidência do Brasil

BRASIL COMO REFERÊNCIA DA AMÉRICA LATINA

Primeira presidente mulher no Brasil

Guerra contra o terror

Crise na representação social

Primeiro presidente negro dos EUA

2010 — **2015**

RETROSPECTIVO

"Vida saudável e amigos"

SOCIAL

Metas do milênio

EMPREENDEDORISMO COMO NOVA CARREIRA

Preocupação com os excessos

Multicarreiras

Gourmetização de tudo

Comida de Rua [street art]

Sociedade "Freelancer"

Aumento do grau de escolaridade

Conectividade

"Newismo"

Movimento "Faça você mesmo"

TECNOLOGIA

Redes de conhecimento

Games & Simulações

Curadoria de Conteúdo

4G

"Youniverse"

Omni Chann

Conteúdo aberto

Proliferação de canais

Internet das coisas

Cloud como espelho do mundo

TECNOLOGIAS EDUCACIONAIS DIGITAIS

Linguagem transmitida

Terceira tela

ECONOMIA

SOFISTICAÇÃO DO PERFIL EMPREENDEDOR

Customização

Meetups

Ascensão das classes sociais

Crowdfunding

Economia da experiência

Novas fontes de financiamento

Baixa participação dos jovens no PEA

AMBIENTE

Sustentabilidade no dia a dia

Consolidação da ecoeficiência

CONSTRUÇÃO DE CADEIAS SUSTENTÁVEIS

Mobilidade urbana

Logística reversa

Fortalecimento regional

POLÍTICA

Ciberterrorismo

Novas leis para MPE

Metas do milênio

Ativismo social

Sociedade civil desorganizada

Fragmentação interinstitucional

Poder do coletivo

Máquina pública limitada

2015 — **2020**

PROSPECTIVO

"Equilíbrio da vida. Chegada da consciência"

Comida artesanal (home made)
Sociedade conectada 24x7
Busca de propósito
Choque cultural
Vida saudável (Demonização)
COZINHAR É CULTURA
Valorização de marcas locais
AUTOFORMAÇÃO E NOVAS ESCOLAS

Ativismo autoral e Good deed
Novas carreiras
Massificação de serviços ao consumidor
Life "On track"
Drones
Conteúdo regional distribuição mundial
Crowdfelling
Fabricação ecoeficiente
MAKER SPACES
BIG DATA
Self tracking
Open products
Produção digital

"One line"
Telepresença
Social TV
Robotização
5G
Food Science
3D Print
Pedagogia digital
Hiperconectividade
Internet das coisas
HOBBY COMO OPORTUNIDADE DE NEGÓCIO
Escassez de mão de obra
Share economy
Mercado sem fronteiras (escalada global)

Moeda digital
Fortalecimento da indústria criativa
Betapreneurs e silverpreneur
Food layers
Work life balance
Foco no trabalhar tecnologia limpa
Consumo "livre de culpa"
Eficiência dos recursos
Rastreio da produção

Foot print
Agricultura urbana/vertical
Desaceleração programada
REPENSAR URBANO
Direitos civis (Era Digital)
Sociedade civil organizada
Brand advocacy
Direito digital
Movimentos de ocupação

DESCENTRALIZAÇÃO DO PODER
Reforma gov. paleativa
Nova regulamentação do MEC
"Proteção" contra os riscos do autodidatismo

2020 — **ESPECULATIVO** — **2030**

Indivíduo multidimensional geracional

"Técnoética" [Uso de dados pessoais]

Sociedade como shareholder do sistema

Debates sobre Humanismo x Tecnicismo das coisas

"SOCIEDADE LÍQUIDA"

ASSEMBLAGE

Mentores sociais

Microssociedades Globais

Novas estruturas familiares

WEB 3.0 [Semântica]

Inteligência artificial

Cross análise

Novas drogas

Materiais inteligentes

INTELIGÊNCIA ARTIFICIAL

---

eHealth

Convergência tecnológica [H2M]

CIBERNÉTICA

Cérebro artificial

Prosumer [Crowd Company]

Hiperdinâmica

Reputação como valor intangível

Arenas cooperativas

ARQUITETURAS DE ECONOMIAS CONTEXTUALIZADAS

Micro Living / Micromundos

SUSTENTABILIDADE COMO VALOR MONETÁRIO

Revalorização do patrimônio cultural

Reconfiguração das cidades

REFORMA EDUCACIONAL

Regulação da indústria de alimentos

OPEN GOVERNMENT

Novos temas legais

Adequação de leis nacionais

Bioética

Protecionismo do mercado local

Articulação política global

Leis supranacionais

Cibercidadania

Ao compreender os efeitos do futuro do passado em nosso presente, podemos estimular os exercícios de prospecção — probabilísticos e especulação — experimentais na composição de cenários que trabalhem com o futuro do presente e o futuro do futuro.

Conectar os pontos [tendências ou não] ajuda a traçar um movimento de mudança que poderá orientar as ações futuras por meio de drivers de mudança.

COLAPSO DE RECURSOS

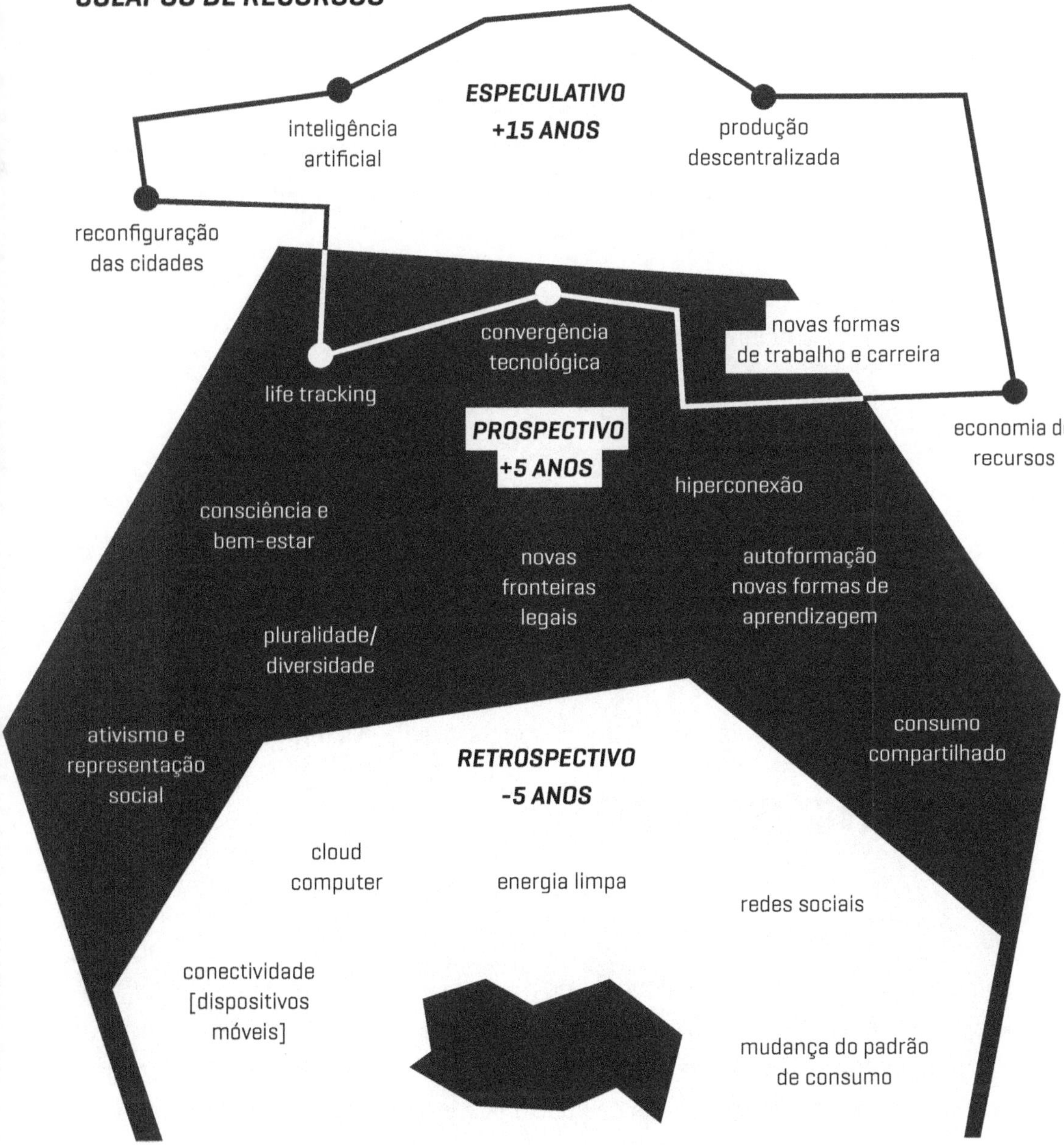

Nesta etapa surgem **insights** potentes a partir dos achados, ou seja, padrões recorrentes, constatações, curiosidades, surpresas e aspectos intrigantes que orientarão as etapas posteriores do movimento. Neste processo o uso de frames como o recurso da infografia pode ser bastante útil como forma de conectar descobertas das atividades exploratória e elementos antes desconexos.

PERGUNTAS-CHAVE

Onde buscar evidências e sinais emergentes?

Quem são os **stakeholders**, especialistas e autoridades sociais no tema em questão?

Qual o melhor mix de métodos: por **desk research**, mapeamento digital [**big data**], **sourcing**, cocriação com **stakeholders** e especialistas ou design research?

Quais são as controvérsias na sociedade sobre as tendências?

Como definir temáticas a percorrer?

FATORES CRÍTICOS DE SUCESSO

Quais fontes e quem acessar pode fazer a diferença como fonte de **insights**.

Os achados são apenas um insumo, não o único insumo para a criação. Sempre confie na sua intuição.

Olhar crítico sobre as controvérsias, buscando compreender os pontos de vista do máximo possível de **stakeholders**.

EXPLORAR VISÕES E TERRITÓRIOS

O QUE É

A combinação de tendências e sinais em maior ou menor intensidade no contexto, somada a um repensar e requestionar de modelos, padrões, paradigmas e paradoxos, bem como mitos, rituais e símbolos são capazes de produzir visões [narrativas ou cenários futuros] prospectivas e/ou especulativas, fazendo com que emerjam territórios que são espaços/áreas de oportunidade, linhas estratégicas de atuação, também conhecidos pelos **white spaces**. Territórios são recortes, contextos específicos da realidade futura apresentada pelas narrativas das visões. Ao contrário do que acontece normalmente nos exercícios de formulação da estratégia, as organizações do século XXI têm buscado projetar mais do que futuros evidentes [prováveis], futuros emergentes e especulativos para construir novos caminhos e possibilidade de atuação.

Por meio destas conexões é possível descrever um futuro próximo [prospectivo] ou distante [especulativo], a partir do qual promovemos diálogos com especialistas e **stakeholders** para analisar os impactos e implicações desses futuros. O uso de **storytelling** para trabalhar a visão de futuro tem se mostrado uma ferramenta poderosa, de modo a aprimorar os métodos utilizados para criação de "visão e missão" utilizado anteriormente pelos métodos administrativos. Decodificar os sinais e tendências, e codificá-los em uma narrativa mais concreta ajuda a avaliar o tamanho da mudança a ser feita em uma cultura estabelecida. Com esse tipo de estudo é possível decupar as ações estratégicas — produtos, processos, serviços, marca e mindset da rede de pessoas envolvidas — que deverão ser criadas de forma alinhada na etapa de conceituação e criação de props de uma realidade a ser experimentada. Nos capítulos seguintes iremos explorar em detalhe como a codificação de uma visão de futuro em uma história pode ajudar no processo de posicionamento e concretização do amanhã.

Existem exercícios poderosos como preparação das narrativas de futuro. Um deles é redesign de modelos/padrões/paradigmas, símbolos, mitos e rituais. As narrativas construídas a partir deste exercício nos ajudam mais fácil e rapidamente a nos desprender da realidade do hoje e explorar de maneira prospectiva ou especulativa mudanças e descontinuidades. Outro exercício de conexão forçada, também aplicável neste processo, é o de suprimir componentes ou elementos-chave de determinado modelo de negócio, cadeia de valor ou rede de **stakeholders**. Por exemplo, para uma empresa de alumínio que depende fortemente da energia para produção, podemos questionar "E se não tivéssemos mais energia?" Ou no caso de uma empresa de cosméticos como Avon que faz venda direta [**door to door**], questionamos "E se o governo proibir a venda door to door, o que fazemos para nos tornar competitivos?" O resultado deste tipo de exercício é potencialmente disruptivo, pois podemos concluir que parte daquilo que eliminamos do nosso modelo, cadeia ou rede pode ser substituído por inovações.

EXEMPLO - FUTURO DO CRESCIMENTO ECONÔMICO

PARA DISCUTIR

MODELOS/PADRÕES/PARADIGMAS	MITOS
PIB como indicador *Trabalhador ao lado do empregador*	*Valor baseado e recursos materiais* *Abundância de recursos*
SÍMBOLOS	**RITUAIS**
Ativos/propriedades *Moeda única lastreada pelo banco central/bancos >> novas moedas*	*Aquisição de produtos/serviços >> assinatura compartilhamento*

EXEMPLO DE VISÃO DE FUTURO PARA COLAPSO DE RECURSOS

Surge uma grande disputa por insumos quando recursos naturais, como a água, e recursos humanos, para mão de obra, tornam-se escassos. É difícil criar e manter infraestrutura suficiente para a população de todos os lugares do mundo, evidenciando um cenário de colapso e caos.

A sociedade é forçada a se conscientizar a mudar seu paradigma de consumo: este tem que ser "livre de culpa", ou seja, voltado para bens e serviços que apresentem processos e características sustentáveis. Tudo ao redor do planeta está geolocalizado, levando à descentralização da produção.

MOVIMENTOS RELACIONADOS	SINAIS E EVIDÊNCIAS
Economia de recursos	Strawberry tree
Consumo compartilhado	Nuru
Consciência e bem-estar	Lucidpipe
Produção descentralizada	Waste Land

VISÃO	TERRITÓRIO NOVO OU EMERGENTE
CIDADE INTELIGENTE	*Mapeamento em tempo real das coisas visíveis e invisíveis que acontecem na cidade*
NOVA FORMA DE LOCOMOÇÃO EM MASSA	*Transporte terrestre de pessoas em hipervelocidade e/ou telepresença.*
PREVENÇÃO DE DOENÇAS PELA ENGENHARIA GENÉTICA	*Sequenciamento de DNA possibilitando mapeamento e tratamento de doenças.*

EXEMPLOS DE TERRITÓRIOS IDENTIFICADOS JUNTO A UMA EMPRESA DE JOGOS EM 2016

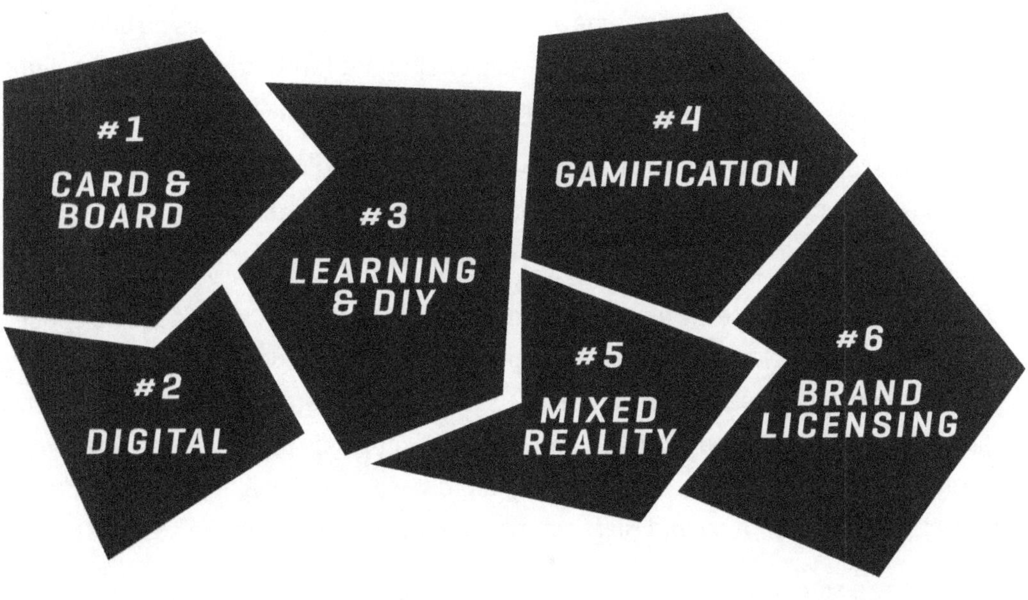

PERGUNTAS-CHAVE

Qual a orientação cognitiva — tipo de futuro, predisposição, orientação do design e **zeitgeist** — para as visões e territórios?

Qual a abrangência/limite daremos ao contexto futuro?

Quais os impactos e implicações de futuros projetados dentro dessa área?

FATORES CRÍTICOS DE SUCESSO

Correlações, combinações e distribuição temporal dos sinais e tendências.

Seleção de visões e territórios prospectivos e especulativos.

Formação de grupo transdisciplinar para tratar os assuntos.

(CO)CRIAR CONCEITOS E PROPS

O QUE É

Conceitos são a base que sustentam uma filosofia ou ideal. São representações e princípios balizadores que ajudam na construção de ideias e dão orientação clara a uma proposta de valor a ser construída e disseminada. Os conceitos são modelos de produtos, serviços, tecnologias, marcas e negócios/atuação, conectados com propostas de valor, promessa de tecnologia e princípios do projeto, ponto de convergência da administração, design e tecnologias emergentes. Adicionalmente também podem representar estratégias emergentes ou de transformação de negócios [**business transformation**].

A construção de conceitos é um processo intimamente ligado à cognição [modo de pensar], visão de mundo/propósito/intento [**stance**] e intuição de quem projeta, daí a importância de conscientização [**mindfulness**] neste processo.

O cinema, a moda e até empreendimentos imobiliários usam a explicação de conceitos para vender ideias e assim ajudar a propagar o conceito de mercado futuro e, por consequência o que será valor no futuro. Essa tangibilização do conceito só é possível por uso de uma linguagem, física ou não, chamada prop. O **prop** não tem a necessidade de ser totalmente funcional, ele é criado para dar vida ao conceito passando a maior veracidade possível [**look and feel**] por meio da arte aplicada e mídia escolhida.

Conceitos e seus props são experimentos que servem de balizadores para o teste de hipóteses, servindo como elemento intermediário para testar e validar conceitos com a sociedade, de modo a facilitar a reflexão sobre o "como queremos viver no futuro". A diferença entre props e protótipos é que muito deles não são funcionais, o que difere do processo de prototipação utilizado por designers.

Em 2012, a Corning lançou o vídeo conceito **A Day Made of Glass** que contém uma série de props. Logo no primeiro ano o vídeo conquistou milhões de viewers e uma legião de fãs no YouTube e, assim como no cinema, a Corning gerou o **A Day Made of Glass** 2 e 3. Inspirados pelos vídeos, dezenas de designers e empreendedores decidiram seguir adiante e prototipar alguns projetos e uma parte deles foi apresentada em 2015 em um **Vision Symposium**, no Computer History Museum no Vale do Silício.

Em 2009, a Microsoft testou um conceito com seu futuro público por meio do vídeo[32] "Project Natal", onde a empresa já se propunha a criar um vídeo game onde os gestos corporais seriam a grande vedete do conceito. Esse projeto acabou orientando boa parte do novo X-box. Também foi notório perceber que o surgimento do sensor Kinect proporcionou um resultado além do esperado, gerando efeitos colaterais em outros mercados além dos games. Detalhe importante é que o lançamento do vídeo na E3[33] foi realizado antes mesmo de se confirmar se a Microsoft teria condição de entregar o que se via. Por um tempo a especulação ficou no ar.

Para visualizar futuros que ainda não existem, recorremos aos conhecimentos e técnicas como **mood boards** [cheios de referências semânticas] para criação de roteiros e, posteriormente, **storyboards** normalmente utilizados pelo teatro, arte sequencial [cinema e quadrinhos], para o qual dedicaremos o capítulo final deste livro, e livros de ficção, seguidos da construção de props, frutos de uma decupagem minuciosa do conceito criado. A técnica de realidade mista [realidade aumentada + realidade virtual] tem sido utilizada para representar conceitos futuros por meio de props.

Um bom exemplo de criação de **props** são os trabalhados realizados pela Near Future Laboratory em seu "Winning Formula"[34] e Studio Flux em seu "Uninvited Guests"[35], onde props e protótipos são criados com o intuito de emular as mudanças do futuro e avaliar seus possíveis impactos em um sistema de crenças e valores estabelecidos.

---

32 // https://youtu.be/p2qlHoxPioM

33 // Eletronic Entertainment Expo — A principal feira de games no mundo.

34 // http://winningformula.nearfuturelaboratory.com/

35 // https://vimeo.com/128873380

Nos cinco ensaios deste livro [capítulo 6] conheceremos mais detalhadamente como visões e territórios ajudam na construção de conceitos.

PERGUNTAS-CHAVE

O que queremos provocar na sociedade?

Qual o conceito que queremos construir?

Em que negócio/atuação você está?

Quem é o seu cliente?

Quem são seus competidores?

Qual é o risco estratégico de ficar parado?

Qual o nosso propósito/intento para o mundo com este conceito?

Qual os atributos de valor relevante nesse conceito?

Qual arte e mídia mais adequada [mensagem, tempo e orçamento] para representar as mensagens de visões, territórios e conceitos projetados?

FATORES CRÍTICOS DE SUCESSO

Propósito/intento explícito.

Clareza do conceito e mensagem a ser passada.

Traduzir futuros que não existem numa mídia e linguagem que sejam compreensíveis para as pessoas.

PROJETAR E TESTAR PROTÓTIPOS

O QUE É

Os designers fazem protótipos para aprender, aperfeiçoar e depois implantar: o protótipo é a linguagem da experiência. Segundo Alan Kay, "Com a linguagem, você precisa persuadir; com as imagens, você convence; com os protótipos, você cria a realidade." Quando nos deparamos com a incerteza, muitas vezes é mais rápido e barato construir um protótipo e executar o experimento para descobrir se a ideia vale a pena. Quando se está aperfeiçoando uma inovação vale a pena construir algo que é imperfeito, para aprender o que é necessário para o aprimorar. E quando chega a hora do lançamento e é preciso implementar uma ideia, um protótipo é a maneira mais convincente de comunicar o que precisa ser feito. Um protótipo é a tradução do abstrato em algo menos abstrato, próximo do concreto e ajuda uma organização a entender o que vai ser feito, para conseguir o apoio necessário para o viabilizar.

Muitos empreendedores e organizações têm investido em estruturas conhecidas como [**future**] **labs**, garagens, espaços makers, espaços **hackers** ou **future residences** como forma de estimular a criação de protótipos a partir de conceitos. É o caso do New York Times Future Labs [nytlabs.com], o Google X [Lab], o Red Bull Basement [http://www.redbullbasement.com.br] e GE Garages [http://www.ge.com/garages]. Estas iniciativas têm atraído centenas de programadores, **hackers**, designers, arquitetos, cientistas para juntos transformarem conceitos em protótipos funcionais.

Prototipar o futuro é diferente de tentar prevê-lo. As consequências positivas ou negativas dos protótipos são continuamente colocadas à prova e desta forma é natural que para cada tendência criada existam contratendências na forma de controvérsia. Para driblar a resistência, os empreendedores que trabalham sistematicamente com protótipos atuam como **hackers**, decifrando caminhos mais curtos, desafiando o status quo e buscando alternativas mais oblíquas de modo a reduzir o enfrentamento. De acordo com John Kay [2011], "objetivos complexos são melhor atingidos sem intenção e frequentemente atingidos de forma indireta." De maneira geral, props e, posteriormente, protótipos, para serem bem-sucedidos têm que se adequar às condições da realidade e para serem bem-sucedidos devem superar quatro desafios:

"DESEJABILIDADE" OU ADESÃO
O DESAFIO SOCIAL E COMPORTAMENTAL

FACTIBILIDADE
O DESAFIO TÉCNICO

VIABILIDADE
O DESAFIO ECONÔMICO-COMERCIAL-LEGAL

COMPATIBILIDADE
O DESAFIO ESTRATÉGICO

DESEJABILIDADE OU ADESÃO
O DESAFIO SOCIAL E COMPORTAMENTAL

O design que antecipa futuro enfrentará a resistência da sociedade. Basta observar a resistência dos taxistas frente ao Uber que desintermediou o serviço de táxi; a reação das empresas de telefonia celular com o serviço do Whatsapp; os hotéis contra o Airbnb; ou ainda das redes de televisão contra a Netflix; o FDA [**Food and Drug Administration**], órgão regulador do governo dos EUA, proibiu por 2 anos o funcionamento do 23andme, empresa que faz testes de mapeamento genético por US$ 199, até que se convenceu que os benefícios deste projeto seriam maiores do que os riscos. O grande desafio para quem empreende é acelerar o grau de aceitação do novo pela sociedade — uma questão de fricção. Comunicar com clareza uma ideia, os benefícios, o valor, a relevância e os motivos que a circundam ainda é um dos grandes diferenciais para ganhar adesão da sociedade.

FACTIBILIDADE
O DESAFIO TÉCNICO

O desafio social e comportamental pode estar claro, mas, por vezes, o projeto técnico pode inviabilizar o protótipo. A Tetra Pak inventou a tecnologia de embalagem asséptica que trazem benefícios nutricionais de produtos lácteos e outras bebidas para bilhões de pessoas em todo o mundo por preços acessíveis. Devido à tendência de mobilidade e consumo on the go, mais e mais pessoas estão bebendo diretamente da embalagem em meio às suas atividades. A Tetra Pak queria encontrar um modo de proporcionar uma experiência melhor de beber e no design research observou-se que há três modos de beber — "sugar", "puxar" e "verter" — dependendo de como a pessoa veda a abertura. A maioria das pessoas é totalmente inconsciente da maneira como bebe, ou como os outros bebem, e usa diversas maneiras de beber, dependendo de sua preferência pessoal e da situação. Uma excelente embalagem é aquela que permite os três modos de beber, para que os consumidores possam escolher. O teste com o consumidor do protótipo desenhado para esta embalagem demonstrou decisivamente que ela proporcionava a melhor experiência para beber; sendo assim, a Tetra Pak assumiu o desafio técnico de desenvolver a tecnologia HOE [em inglês, abreviação **hole-over-the-edge**, ou furo na parte de cima — uma abertura em cima com tampa de rosquear]. Foi um extraordinário feito de engenharia, com duração de 3 anos, liderar a escolha assertiva do material, superar barreiras regulatórias e levar para a fábrica esta nova tecnologia. A nova embalagem — denominada DreamCap — ajudou a Tetra Pak a sair da armadilha do produto commoditizado: está proporcionando um volume muito maior ao mercado da Tetra Pak porque oferece uma melhor experiência de beber[36].

VIABILIDADE
O DESAFIO ECONÔMICO-COMERCIAL-LEGAL

A Better Place nasceu em 2007 e ficou conhecida pelo negócio multimilionário de carregamento e troca de baterias para carros elétricos e, juntamente com o surgimento do Tesla, parecia um negócio realmente promissor do **Next**. Seu fundador Shai Agassi decidiu instalar o protótipo em Israel e, em 2012, o país já contava com 21 estações de serviço. Em 2013, a empresa decretou falência em parte devido aos altos investimentos requeridos para instalar as estações de serviço, mas também pelo número excessivo de protótipos simultâneos em diversos países. O investimento de US$ 850 milhões em um projeto que se mostrou inviável.

A viabilidade está relacionada à sustentação econômica, comercial e legal do modelo. Desde 2013 a John Deere vem testando no mercado o conceito e protótipo Farmsight, plataforma que reúne uma série de serviços como um **software** embarcado nos equipamentos agrícolas com capacidade de colher **big data** e aplicar treinamento **online** para operadores das máquinas. Para viabilizar a comercialização destes serviços no mercado, a John Deere tem experimentado modelos comerciais alternativos inspirados pelo modelo **Power by the Hour** de turbinas da Rolls Royce e os serviços de assinatura a conteúdos digitais como Spotify.

36 // Texto extraído do artigo de Harry West e André Coutinho, HBR Brasil, de 2014.

COMPATIBILIDADE
O DESAFIO ESTRATÉGICO

Um dos maiores desafios para quem quer empreender algo novo e diferente do convencional ou daquilo que se conhece é o de convencer os tomadores de decisão, sejam eles investidores, acionistas, executivos ou lideranças, cujo modo de pensar pode inviabilizar estrategicamente a evolução de um projeto.

A decisão sobre avançar em qualquer ideia nova gera falsos positivos [avançar com uma ideia que futuramente não irá se comprovar] e falsos negativos [rejeitar projetos que seriam bem-sucedidos], este é o risco embutido em qualquer empreendimento. A manifestação comum deste desafio estratégico está nas reações por parte dos decisores do tipo: "Esta ideia não está alinhada com o nosso propósito, visão e estratégia" ou "Não estamos alinhados enquanto corpo diretivo para avançar com este projeto" ou "Não temos dados e fatos suficientes para comprovar a viabilidade desta ideia" ou "Alguém no mundo já implementou esta ideia? E por acaso deu certo?".

O modo de pensar da maioria dos tomadores de decisão prefere eliminar ou no mínimo reduzir a complexidade, a incerteza, a intuição e a discordância em um processo decisório. As pessoas preferem decidir com base na racionalidade, na confiabilidade e na segurança e, ainda melhor, se a decisão for instrumentalizada com séries históricas, gráficos ou algoritmos. Ralph Stacey representou este processo em uma matriz que leva seu nome e que situa os projetos conforme seu grau de incerteza e alinhamento entre quem decide.

A MATRIZ DE RALPH STACEY PARA MAPEAR O PROCESSO DECISÓRIO

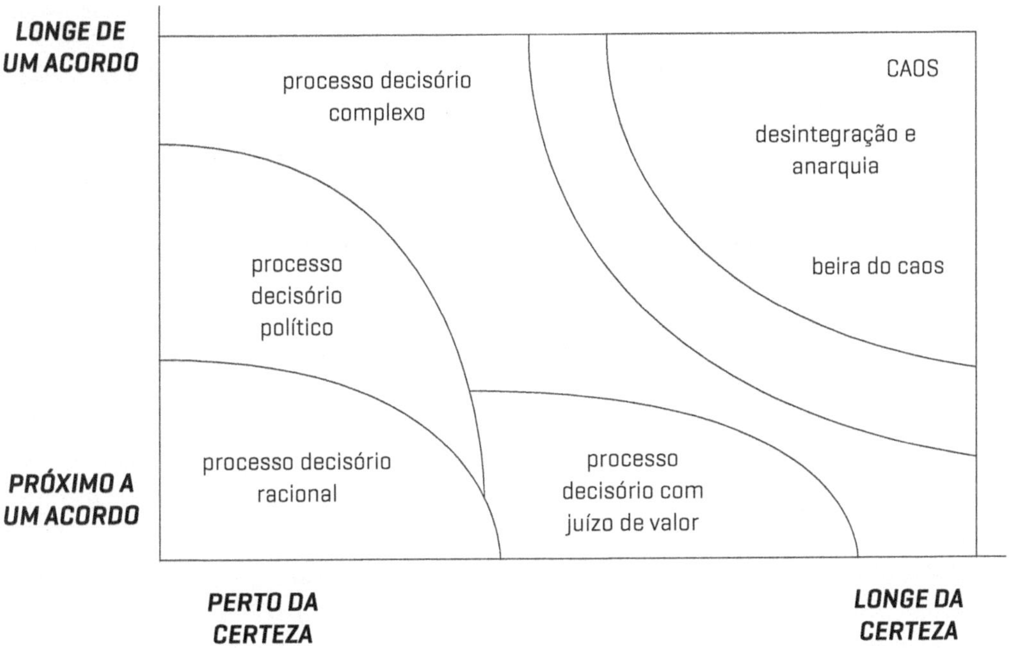

A MATRIZ DE RALPH STACEY: APLICAÇÃO PRÁTICA COM EXECUTIVOS DE UMA EMPRESA SIDERÚRGICA

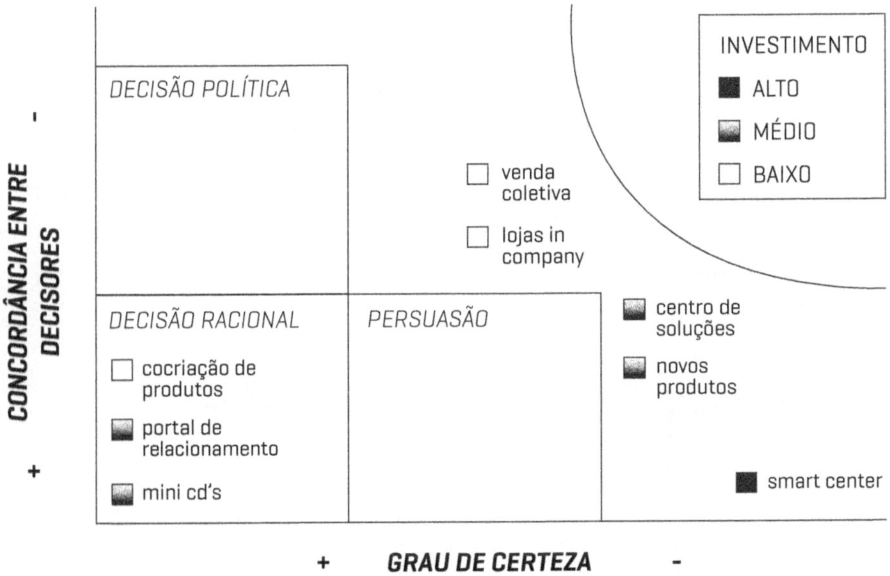

Aprendemos que o design estratégico situa-se em um campo complexo ou caótico de decisão com incerteza e discordância entre quem decide, daí o paradoxo para a gestão. Isto explica, em parte, a dificuldade das empresas existentes em projetar e implementar inovações mais orientadas ao adaptativo/disruptivo ou **next/after next**, uma vez que o **setup** mental dos decisores está condicionado ao melhor uso dos ativos atuais, a reduzir o risco e buscar o consenso no processo decisório. O bom senso diz que se todas as informações que precisamos já estão postas e estão todos de acordo na hora de decidir, não temos inovação alguma. Isto também ajuda a explicar o porquê dos métodos e ferramentas convencionais de planejamento e gestão [projetados para um mundo estável, previsível e compreensível] não estarem funcionando em contextos de mudança acelerada, onde o correto seria os decisores deixarem soluções emergirem na complexidade. Segundo Stacey, é na "beira do caos" onde acontecem as melhores inovações.

PERGUNTAS-CHAVE

Qual prop deve virar protótipo?

Onde, quando e com quem testar o protótipo?

Como decifrar [hackear] as resistências e encontrar caminhos [indiretos] alternativos?

Como tornar nosso projeto desejável, factível, viável e compatível?

FATORES CRÍTICOS DE SUCESSO

Superar a barreira social [criando adesão], técnica [viabilizando as tecnologias adequadas], econômica [ajustando o modelo econômico e comercial] e estratégica [convencendo quem decide investir] que surgirem ao longo do caminho.

INCUBAR, EXPERIMENTAR E ACELERAR MODELOS

O QUE É

Ao experimentar conceitos testados pelos props e modelos viabilizados pelos protótipos, ingressamos em uma etapa empreendedora do movimento para incubação e aceleração dos projetos.

A incubação proporciona as condições necessárias para que os projetos possam ingressar no mercado e, para tanto, recebem o aporte técnico [arquitetura, engenharia ou desenvolvimento da tecnologia], gerencial [administrativo, controladoria], legal [propriedade intelectual, marca, contratos], financeiro [acesso a fontes de financiamento] e de desenvolvimento [proposta de valor/marca, parcerias estratégicas, comercial e marketing]. É na etapa de incubação que acertamos o modelo de negócio [ou modelo de atuação][37], ajustando a proposta de valor [benefícios percebidos pelos clientes e outros **stakeholders**], encontrando um modelo comercial atrativo e adequando o perfil alvo de clientes, canais de acesso e mecanismos de relacionamento com os públicos. Da mesma forma, achamos o melhor equilíbrio entre **make** or **buy** [fazer dentro de casa ou confiar em parceiros estratégicos], perfil de competências, processos/atividades críticas e estrutura de custos.

O BUSINESS MODEL CANVAS ORIGINAL [A. OSTERWALDER E Y. PIGNEUR] E OS TESTES DE HIPÓTESE NA ETAPA DE INCUBAÇÃO.

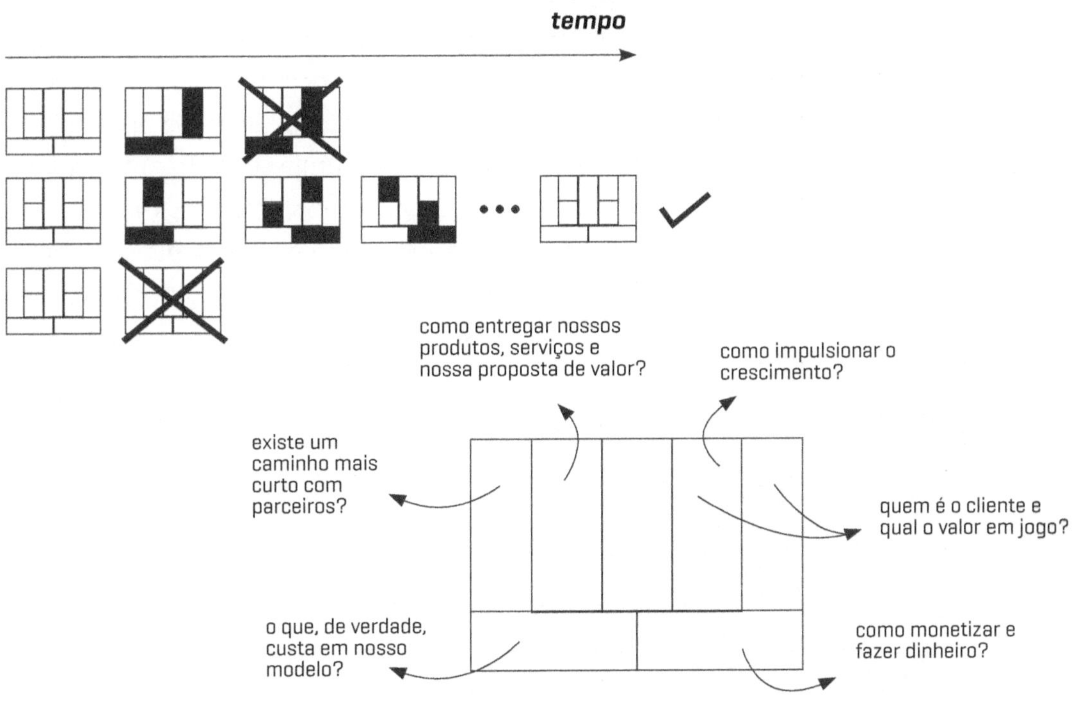

37 // Utilizamos aqui como base o conceito/frame proposto por Alex Osterwalder em seu business model canvas.

O objetivo da aceleração é fazer com que empreendimentos recém-criados e validados pela incubação possam ser escalados, ou seja, atinjam escala comercial na produção, comercialização e impacto. Diferente da etapa de incubação, na aceleração deve acontecer um **rollout** para os processos operacionais, adequação dos processos de planejamento, marketing, comercialização, produção, atendimento, logística e serviços.

Preferimos utilizar o verbo [incubação e aceleração] do que o substantivo [incubadora e aceleradora]. Muitos empreendedores e organizações têm investido em estruturas conhecidas como incubadoras e aceleradoras, que, em geral, incorporam parte do que é necessário no movimento de incubação e aceleração sobretudo aspectos ligados à infraestrutura e assessoria técnica voltados para o desenvolvimento do empreendimento. Mesmo assim estão crescendo as chamadas áreas ou unidades de startups corporativas [**corporate startups**] ou **corporate ventures** ou **corporate strategic investments** como forma de atrair, desenvolver, incubar/acelerar novos projetos. Para muitas organizações esta estratégia de diversificação do portfólio por meio de startups corporativas tem sido mais efetiva do que investir somente na criação "dentro de casa", que pode durar alguns anos e ainda não contar com as competências requeridas para o projeto avançar. Este é um verdadeiro atalho na inovação, mas que depende de um mapeamento, atração e seleção proativa e global de protótipos e empreendimentos em sua fase embrionária. A constatação das empresas adeptas a este movimento é que as melhores ideias não estão necessariamente dentro das empresas ou ainda que as organizações não têm sido sistematicamente capazes de gerar inovações disruptivas, daí a necessidade de criar ou atrair e reter startups.

PERGUNTAS-CHAVE

Qual é o modelo de negócio/modelo de atuação ideal?

O que devo pivotar e modificar em meu modelo de negócio/atuação?

Como assegurar estrutura e recursos para incubação e aceleração?

Onde e como criar, ou buscar, startups? Como retê-las?

FATORES CRÍTICOS DE SUCESSO

Tanto na incubação quanto na aceleração, encontrar a dose certa entre manter equipe, infraestrutura e orçamento separados da operação atual ou sinergizá-los com as operações.

Encontrar o momento certo para congelar [parar de testar] o modelo na incubação e seguir para a aceleração/rollout.

A MELHOR MANEIRA *de* PREVER O

FUTURO
é
CRIÁ-LO
Peter Drucker

TERRITÓRIOS: ÁREAS DE OPORTUNIDADE

FOMOS LEVADOS A CRER QUE NÃO HÁ MUITO O QUE FAZER SOBRE AS FORÇAS DO MACROAMBIENTE. A POSTURA PASSIVA DE ESPERA PELA MELHORA DO CENÁRIO OU A CRENÇA DE QUE OS DADOS DO PASSADO SÃO UM TERMÔMETRO PARA PREVER O FUTURO SÃO EVIDÊNCIAS NESTE SENTIDO. A REALIDADE DAS TENDÊNCIAS É, MUITAS VEZES, DESCONHECIDA, MAS NA MAIORIA DAS VEZES, A REALIDADE ESTÁ POSTA, MAS É IGNORADA OU NEGADA COM VEEMÊNCIA A PONTO DE EM 2007 O ENTÃO CEO DA MICROSOFT STEVE BALLMER AFIRMAR PARA A IMPRENSA QUE "NÃO EXISTE CHANCE ALGUMA DO IPHONE CONQUISTAR UM MARKET SHARE SIGNIFICATIVO"; LEDO ENGANO. NO CAMPO DAS ESTRATÉGIAS, O MAPEAMENTO DE TENDÊNCIAS, ASSIM COMO A CONSTRUÇÃO DE CENÁRIOS, TEM SERVIDO PARA JUSTIFICAR ESTRATÉGIAS DEFENSIVAS E, ASSIM, TENTAR MINIMIZAR OS MOVIMENTOS DA CONCORRÊNCIA OU MITIGAR OS EFEITOS DOS RISCOS ESTRATÉGICOS. O MODO DE PENSAR DOS ESTRATEGISTAS AMPARADO POR MÉTODOS E FERRAMENTAS DE PLANEJAMENTO ESTRATÉGICO PROCURA, EM GERAL, JUSTIFICAR A MANUTENÇÃO DO STATUS QUO, APLICANDO AQUILO QUE JÁ SE CONHECE E ADOTANDO PRÁTICAS QUE JÁ DERAM CERTO [INTERNAMENTE OU NO MERCADO].

Historicamente, as estratégias têm servido para sustentar a eficiência operacional das organizações, visando maximizar o retorno sobre o investimento, a utilização plena dos ativos tangíveis e intangíveis e, minimamente, atender às exigências regulatórias do setor em que se atua. Nada de errado nisto. O fato é que em um mundo em transformação em que startups e novos modelos de negócio estão rompendo com os modelos existentes, muitas organizações perderam o **timing** ou desprezaram a oportunidade de ouro de encontrarem e se lançarem em territórios emergentes.

De acordo com Roger Martin [2010], na interpretação de Humberto Mariotti [2011], o estágio inicial de qualquer empreendimento é confuso e obscuro e constitui o que Martin chama de mistério e, nesse processo de procura, a mente consegue identificar e isolar determinados elementos e discernir relações entre eles. Tal estágio é chamado por Martin de heurístico, porque gera **insights** e ideias. O passo seguinte consiste em continuar a redução e peneirar, simplificar ao máximo os dados obtidos e transformá-los em normas ou regras sequenciais de aplicação. São as regras passo a passo, os chamados algoritmos. Assim, o que no início era complexo e diversificado transforma-se em algo simplificado, padronizado e repetitivo. As organizações se prendem em seus algoritmos setoriais e pouco exploram a heurística ou o mistério do que não conhecem ou dominam. Dois exemplos são as empresas do setor farmacêutico e do setor financeiro, ambos regulados pelo governo. Tipicamente, executivos destes setores pensam e agem de maneira análoga [o modo de pensar setorial] e a melhor estratégia parece ser sempre o **benchmarking**. O setor farmacêutico assiste à entrada da indústria de alimentos no território de nutracêuticos porque, afinal, alimentos é assunto de nutricionistas e engenheiros de alimentos, "nós [da indústria farmacêutica] cuidamos da doença" ou não seria da saúde? O setor financeiro está sendo bombardeado pelo surgimento das **fintechs**, startups que utilizam modelos de economia do compartilhamento e inteligência artificial para promover uma disrupção no modo pelo qual acessamos crédito [ex: Kabbage], aplicamos em um fundo de investimento [ex: Betterment, Orchard], realizamos contratos de câmbio a custos reduzidos [ex: Meniga], adquirimos e acionamos um seguro de forma colaborativa [ex: Guevara], apostamos numa carteira de ações vencedora [ex: El Toro] ou até mesmo compramos e operamos com moeda virtual [ex: Bitcoin]. Novos territórios são espaços do mistério e da heurística e, portanto, precisam ser explorados como sempre foram no início de qualquer empreendimento. Territórios emergentes retratam a visão de mundo e as atitudes do empreendedor quando ele ainda era ávido e curioso pela exploração, descoberta e experimentação.

Com o surgimento dos "empreendimentos de garagem" típicos do novo perfil empreendedor do século XXI, os modelos projetados deixaram se orientar pelas regras estabelecidas nos setores e se moveram pelo propósito pessoal [transformador na sociedade] de construção de um futuro desejado. O design estratégico é a ferramenta do empreendedor que quer inspirar a sociedade com visões, explorar territórios desconhecidos, criar conceitos e experimentá-los por meio de protótipos e empreendimentos. Seu objetivo, às vezes obsessão, é encantar mentes e corações das pessoas e enfrentar os obstáculos que vão surgir no meio do jornada, seja no campo comportamental e social [desejabilidade], técnico [factibilidade], comercial/financeiro/legal [viabilidade] e estratégico [compatibilidade].

Ao observarmos as tendências e sinais [forte ou fracos] que deverão ou poderão impactar a sociedade do amanhã ou do depois do amanhã, é possível extrapolar e especular inúmeras transformações integrando os campos social, tecnológico, ambiental, econômico e regulatório. Este exercício abre espaço para visões de futuro e seus territórios, recortes da realidade futura, contextos sobre os quais podemos criar narrativas originais que estimulem a criação de projetos-conceito capazes de redesenhar os modelos, padrões e paradigmas[38], assim como os mitos e símbolos do **zeitgeist** em que vivemos.

Em seguida listaremos dez territórios para serem explorados com conceitos, protótipos e empreendimentos. Nos ensaios do capítulo 5, sobre futuros emergentes, selecionamos cinco destes territórios e trabalharemos contexto, tendências, visões, assim como conceitos e modelos emergentes que têm surgido na sociedade. Os outros 5 territórios são também espaços em branco [**white space**] para serem explorados por empreendedores de negócios ou projetos de impacto social, e fica aqui o convite, o campo aberto para o design estratégico em territórios que provavelmente, ou possivelmente, serão ocupados mais cedo ou mais tarde, quer gostemos ou não.

Ao fazermos um exercício de prospecção, extrapolação e especulação sobre o futuro, somos levados a acreditar que os seguintes territórios e suas respectivas perguntas e provocações:

---

38 // Modelos são representações da realidade e possuem função/conteúdo e forma/estilo; padrões são a discernível regularidade dos modelos no mundo; paradigma é a persistência dos modelos e padrões a ponto de se tornarem inquestionáveis.

1 LONGEVIDADE

Como a sociedade irá lidar com uma população economicamente ativa de pessoas acima de 70 anos? O que as pessoas que vivem mais vão fazer com o tempo livre? É possível harmonizar o estilo de vida e modo de pensar e agir das gerações **baby boomers**, x, y, z ou teremos um conflito geracional sem precedentes? O que vai acontecer com a previdência social? E com os seguros? Quais os desdobramentos das tecnologias para prevenção de saúde [médico digital, saúde digital, uso de vestíveis ou implantes para monitoramento da saúde]? Quais as fronteiras éticas e limites de segurança no acesso ao histórico de saúde das pessoas? Como vai funcionar o sistema da saúde em que os dados sobre os pacientes circulam entre os atores [hospitais, médicos, planos de saúde, governo]?

2 EFICIÊNCIA INTELIGENTE

Qual o limite de transformação das operações pelo digital? O que acontece com as operações ao aplicarem de forma massiva RFIDs, sensores, internet das coisas, robôs e **big data**? Serão as empresas capazes de praticar customização de massa, produção descentralizada e operações em tempo real com eficiência? Máquinas comandarão pessoas? As organizações estão preparadas para operar de forma transparente [dados e informações] e aberta/colaborativa/distribuída [**open source**]? A quem pertencem os dados e informações? O futuro dos negócios pertence às empresas que dominarem os dados de seus clientes e do mercado?

3 MULTIPROTAGONISMO DE IMPACTO

De que forma as organizações elegem propósitos, causas ou missões de impacto e se apropriam destes propósitos, ocupando espaço no share of mind das pessoas? Como engajar partes interessadas [clientes, fornecedores, governos, universidades] na direção deste propósito? Existirá distinção entre atuação das empresas [.com], organizações sociais [.org] e governos [.gov], se a finalidade [bem-estar da sociedade] é a mesma? Como será a nova competição, pelo propósito? Propósito será a nova ostentação? Teremos consciência forçada pelos propósitos? Até que ponto estamos preparados para a transparência total nas cadeias e redes de valor?

4 GOVERNANÇA ABERTA

Qual será a governança substituta do atual sistema de representação da sociedade [executivo, legislativo, judiciário]? A democracia participativa substitui a democracia representativa? Partidos políticos e eleições ainda fazem sentido ou partiremos para outro modelo de representação? Os movimentos de governança aberta, colaborativa e distribuída têm sustentabilidade? Em que modalidades? Eles têm legitimidade? É possível transformar o governo numa plataforma de cocriação de políticas públicas? Ou de serviços e experiências de valor para o cidadão? Ou ainda de negócios para empreendimentos de impacto social?

5 CIDADES INTELIGENTES

De que forma as tecnologias artificiais e coletivas aplicando sensores, cognição [inteligência artificial, **big data**] e internet das coisas serão benéficas à sociedade? Como as intervenções urbanas, a reengenharia do espaço público e o repensar da vida em comunidade poderá transformar as cidades em lugares melhores para se viver e trabalhar? As empresas irão adaptar seus processos, produtos e serviços às cidades inteligentes? As cidades inteligentes são para poucos? Ou o acesso é ilimitado a todas às classes sociais, gêneros, cores e religiões? As cidades serão mesmo inteligentes ou neuróticas por saber tudo o que acontece em todos os lugares? Quem irá se beneficiar/prejudicar? Quem irá ganhar controle/perder controle?

6 UBIQUIDADE DO INDIVÍDUO

Qual o alcance do "multivíduo"? Aquele que pratica três atividades profissionais simultâneas, trabalha sob demanda e se mistura à "nuvem humana" de trabalhos virtuais; que acessa exponencialmente novos conhecimentos e aprende rápido por meio de cursos virtuais, mentorias e imersões; que não quer nem necessita adquirir mais bens materiais [casa, carro, escritório etc], pois vive na economia do compartilhamento? Hiperconectado com a acesso a tudo e a todos? O mundo líquido de Bauman, a **assemblage** de Latour, a sociedade em rede de Castells, a cocriação de Venkat, todos conceitos contemporâneos aplicados devem estar produzindo uma sociedade bem diferente daquela em que fomos formados há 10, 20 ou 30 anos.

7 ECONOMIA DE RECURSOS

É possível pensar num mundo em que o lixo é zero com redução do consumo assim como o reaproveitamento, reuso e reciclagem máxima dos resíduos sólidos e orgânicos, ou seja, onde tudo é transformado e nada é descartado? É possível implementar uma nova ética ambiental com **accountability** efetiva refletida em estratégias, projetos e políticas públicas, empresariais ou sociais com um sistema de consequências que funcione para atores que não se responsabilizarem pelos impactos gerados junto ao meio ambiente? Seria possível geolocalizar os recursos físicos e humanos no planeta como forma de assegurar a sustentabilidade dos mesmos? O mundo caminha para a abundância ou colapso de recursos? Novos empreendimentos surgirão para criar abundância onde existe escassez ou explotar negócios pela escassez?

8 INCLUSÃO DE MINORIAS

Nunca na história se abriu tanto espaço para a discussão sobre identidade [sexual, gênero, racial, religião, diversidade cultural e inclusão]: como incluiremos socialmente os comportamentos e preferências das minorias antes excluídas? Como enfrentar as polaridades de valores, crenças e modelos: global x local, secular x contemporâneo, **low tech x hi tech**, materialista x espiritualista, orgânico x transgênico? Os produtos, serviços e marcas estão preparados para atuar neste novo território? Como lidar com a intolerância, o **bullying**, o terrorismo e todas as formas de resistência à diversidade, aos valores, às crenças, aos modelos e às opiniões?

9 HIPERCONECTIVIDADE

No começo de 2015, éramos 3 bilhões com acesso à rede digital global e, ao final do mesmo ano, esse número já subiu para 3,25 bilhões, um crescimento de 8%: qual o limite da hiperconectividade? Nos tornaremos uma sociedade ciborgue? Das interações **Human2Human**, partimos para **Human2Machine** e estamos caminhando para a era **Machine2Machine**: como as máquinas irão interagir com outras máquinas, aprender [**machine learning, deep learning**] rapidamente frente a uma enorme massa de dados e decidir, comandar nossas vidas? Estamos vivendo a era **online**, a diferença entre o **online** e o **offline** não existe mais, então, como as instituições e as pessoas irão se adaptar a uma vida 24x7 em que tudo está conectado?

10 MOVIMENTO HACKING

O acesso, a rastreabilidade e a transparência de tudo e todos têm provocado uma revolução em todos os campos: qual o alcance do movimento **hacking**? E dos crimes cibernéticos?

hackeamento político regulatório – jornalismo investigativo e combate a fraudes e corrupção por meio do fenômeno **leak** [ex: **wikileaks**, **swiss leaks**, **hsbc leaks**, **Panamá papers**].

hackeamento econômico social – desintermediação de serviços e os modelos disruptivos de negócio da economia de compartilhamento que acessam, dividem e vendem/trocam dados, produtos, espaços, tempos das pessoas, moedas e fluxos [de transporte, bens e serviços].

hackeamento tecnológico – o que antes era reservado somente aos centros de pesquisa de universidades ou laboratórios de P&D das empresas torna-se acessível por meio de espaços makers e **hackers**. O **biohacking** cria produtos experimentais e faz testes de DNA com pessoas e animais para descobrir cura para doenças; programadores **hackers** criam portais, aplicativos e sistemas de busca inteligentes em poucas horas.

hackeamento ambiental – a biomimética decifra a natureza e aplica seus elementos ao design e desenvolvimento de produtos.

Os 10 territórios são os novos contextos a serem explorados por empreendedores dispostos a romper os modelos, padrões e paradigmas e moldar o futuro que se aproxima.

SERES HUMANOS

PODEM TOLERAR

um ROBÔ

IMORTAL

POIS NÃO IMPORTA

QUANTO TEMPO DURA

UMA MÁQUINA,

MAS ELES NÃO PODEM TOLERAR um SER HUMANO IMORTAL

UMA VEZ QUE SUA PRÓPRIA MORTALIDADE é SUPORTÁVEL APENAS ENQUANTO ELA é UNIVERSAL

Isaac Asimov, The Bicentennial Man and Other Stories

ENSAIOS SOBRE FUTUROS

EMER GENTES

PRIMEIRO ENSAIO

LONGEVIDADE 4ª IDADE

O SALTO DEMOGRÁFICO QUE TIVEMOS NO MUNDO NO ÚLTIMO SÉCULO FOI AVASSALADOR. INICIAMOS O SÉCULO XX COM QUASE 2 BILHÕES DE INDIVÍDUOS E COMEMORAMOS A ENTRADA DO SÉCULO XXI COM MAIS DE 6 BILHÕES DE PESSOAS[39] NO MUNDO. AO CRUZARMOS ESTE CRESCIMENTO POPULACIONAL COM A EXPECTATIVA DE VIDA[40] É POSSÍVEL PERCEBER UMA OUTRA MUDANÇA: NÃO SÓ CRIANÇAS NASCERAM MAIS NESSE PERÍODO, COMO ADULTOS PASSARAM A VIVER MAIS E MELHOR. A EVOLUÇÃO EM DIVERSAS ÁREAS DA CIÊNCIA PERMITIU AVANÇOS CONSIDERÁVEIS NAS TECNOLOGIAS, POSSIBILITANDO O AUMENTO DA FERTILIZAÇÃO E DIMINUIÇÃO DA MORTALIDADE HUMANA, A PONTO DE EXPERIMENTARMOS PELA PRIMEIRA VEZ UMA MUDANÇA NA FORMA GEOMÉTRICA QUE REPRESENTA A DEMOGRAFIA SOCIAL PASSANDO DE UMA PIRÂMIDE PARA UM DOMO[41] SOCIAL, AINDA EM TRANSFORMAÇÃO.

---

39 // Segundo informações da UN — http://esa.un.org/unpd/wpp/Graphs/Probabilistic/POP/TOT/

40 // Dados da UN — http://esa.un.org/unpd/wpp/Maps/

41 // http://www.economist.com/news/21631911-end-population-pyramid-world-reshaped

VERDADES DO DOMO DEMOGRÁFICO

População global, % do total

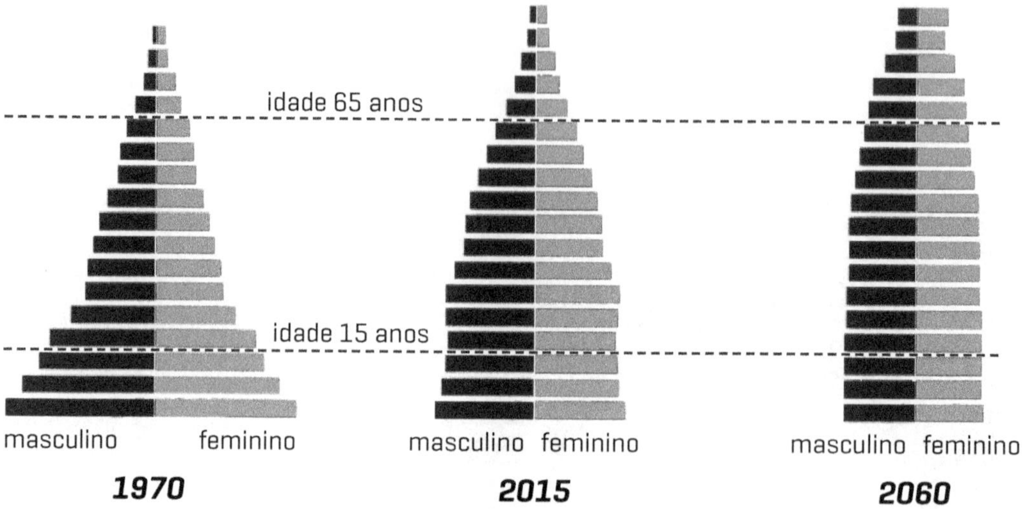

A busca pelo prolongamento do tempo de vida fez com que mudássemos nosso comportamento histórico em diversos processos: da extração à produção, da alimentação ao descarte, do tratamento de doenças à prevenção, abrindo as portas para um admirável mundo novo, esboçando um futuro rumo à imortalidade.

Para Ray Kurzweil[42], a ponte para uma vida eterna já está sendo construída e ela passa por três grandes movimentos[43], possibilitando a melhoria da estrutura física e biológica de todos os seres humanos:

> Melhora da nutrição pessoal — alimentação saudável;
>
> Desenvolvimento de biotecnologias capazes de reprogramar as atividades vitais — reprogramação genética;
>
> Desenvolvimento de nanotecnologias que possam melhorar o corpo e apoiar o sistema imunológico humano — organismos cibernéticos [ciborgue] e hibridização;

---

42 // https://pt.wikipedia.org/wiki/Raymond_Kurzweil

43 // http://www.techinsider.io/ray-kurzweil-google-futurist-inventor-live-forever-2015-10

Ao nos permitirmos visualizar tal hipótese vemos que a mudança social deste século não será somente demográfica, mas do perfil da sociedade em si. Ao alimentarmos esse novo paradigma permitiremos a criação e expansão da sociedade pós-humana, não natural, oficializando o transumanismo.

Por mais que a imortalidade seja uma utopia a ser perseguida, o prolongamento do tempo de vida não é. As novas tecnologias e os novos paradigmas trarão um impacto sem precedentes em nossas vidas e o modo como nascemos, vivemos, reproduzimos e morremos seguirá uma nova lógica, um novo fluxo, impactando diretamente todo o sistema de crenças e valores. Religiões, economias, leis, sistemas de produção e meio ambiente terão de ser repensados e remodelados e, talvez, o domo demográfico seja mais uma vez remodelado, tomando a forma de uma pirâmide invertida.

Da ciência da ficção para ciência dos fatos é possível notar que projeção do tempo de vida para os próximos anos tende a aumentar. Teremos um aumento considerável do número de pessoas que viverão a 4ª idade. O modo de vida mais consciente e com acesso a novas tecnologias farão com que os mais jovens façam uma transição para a 3ª idade de forma mais suave e ativa. Esta futura realidade exigirá uma reconfiguração de todo o sistema sócio-econômico-ambiental, impactando diretamente:

SISTEMA PREVIDENCIÁRIO;

SISTEMAS DE LEGAIS;

SISTEMA PRODUTIVO E DE USO DE RECURSOS;

SISTEMA DE TRATAMENTO DE DOENÇA;

ESTRUTURA FAMILIAR;

ENTRE OUTROS.

Como sociedade seremos levados a questionar mais do que nosso estilo de vida, seremos levados a questionar crenças ligadas ao nosso sistema ético e moral construído ao longo de toda a existência humana.

TENDÊNCIAS

Ao se pensar em temas ligados ao prolongamento da vida, à 4ª idade e ao transumanismo emergem mais sinais do que tendências. O fator aceitação da sociedade de novos modelos considerados "não naturais" tornam o olhar para o futuro incerto e especulativo. Porém, o debate social sobre esse assunto já existe e passa por temas relacionados com:

Novas fronteiras legais: um olhar da bioética e tecnoética para repensar os direitos e deveres de indivíduos, governos e empresas sobre assuntos ligados a manipulação genética, robótica, inteligência artificial e cibernética, bem como temas emergentes ligados ao **biohacking**.

Convergência tecnológica: movimento da transdisciplinaridade científica e tecnológica, tendo como principais protagonistas a neurociência, nanotecnologia, biotecnologia e inteligência artificial, em busca de soluções de impacto para os problemas da humanidade.

Life tracking: plataformas inteligentes que permitem monitoramento [preventivo] e contínuo do estilo de vida das pessoas, autodiagnóstico de ações pessoais e indicação de mudanças e comportamento.

Pluralidade e diversidade [reconfiguração social e familiar]: revisão e enfrentamento de valores, crenças e símbolos de diferentes culturas e polaridades/paradoxos presentes na sociedade. Novas dinâmicas familiares, fruto da evolução sociocultural — desde uma revisão de propósito dos indivíduos, como maior inclusão feminina no mercado de trabalho e aceitação da diversidade de gêneros e raça/cor, choque de gerações [**Baby boomers**, X, Y, Milênios] e uso de tecnologias que permitem interferir na escolha e genética dos filhos.

Consciência coletiva e bem-estar: na saúde e bem-estar, maior conscientização com mudanças de hábitos a atitudes cotidianas de autoindulgência. Alterações nos padrões de consumo e busca por mais informação do impacto da compra.

VISÃO DE FUTURO

VISÃO: Adaptado da história "Centênios" — Fundação Telefônica Vivo [2014]
CRIAÇÃO: Anderson Penha; André Coutinho
ILUSTRAÇÃO: Luís Máximos

Os primeiros sistemas a sofrer uma grande mudança são o sistema de tratamento de doenças [antigo sistema de saúde] e o de alimentação. Os gastos exacerbados com a saúde já não são tema somente da OMS [Organização Mundial da Saúde] e vem ganhando relevância nas discussões econômicas de muitos países.

Algumas ações governamentais para mudar o estilo de vida sedentário dos cidadãos por meio do repensar urbano, leis que taxam alimentos considerados nocivos a saúde e prevenção têm sido a chave para melhora da qualidade de vida e da diminuição de gastos públicos.

Ao perceber que o jogo que mudará a forma como entendemos saúde e bem-estar público passa por atuar no ciclo de saúde [prevenção/profilaxia] em vez do ciclo de doença [intervenção/cuidado] tem feito com que governos, empresas e outras instituições passem a concentrar suas ações em diagnósticos preventivos, conscientização sobre o estilo de vida que se leva e controle alimentar.

A tecnologia de informação e de vestíveis [**wearables**] tem ajudado não somente na conscientização e mudança de hábitos, mas permitido a construção de um grande **big data** capaz de ajudar a entender melhor as correlações e fatores que possam prejudicar a saúde [**life tracking**]. Sabe-se que a arquitetura das cidades pode ajudar a melhorar ou a piorar a vida das pessoas, mas a correlação direta desses fatores ainda precisa ser melhor estudada.

A escalada no aumento dos custos públicos com a saúde permitirá que tecnologias mais ousadas passem a ser consideradas e viabilizadas pelos sistemas públicos de saúde. Isto permitirá a expansão do uso de biotecnologia e nanotecnologia em atividades de prevenção com alimentos nutracêuticos, marcadores biológicos e intervenção com uso de drogas biológicas e nanoterapias. Estas novas fronteiras da medicina despertarão a sociedade para diversas discussões e novas fronteiras legais deverão ser estabelecidas. Bioética e tecnoética passarão a fazer parte do código de conduta de diversas instituições e empresas ligadas à inovação na área da saúde.

Com o passar do tempo a convergência tecnológica entre biotecnologia, nanotecnologia, informática e cognição [em inglês conhecido pela sigla NBIC] poderá abrir caminho para uma sociedade transumana livre de doenças crônicas e com capacidades psicomotoras acima da média de outros períodos da sociedade.

Naturalmente, a expectativa do tempo de vida tende a aumentar. Com a intervenção tecnológica, esse indicador poderá atingir resultados nunca antes vistos. Efeitos colaterais desse tipo de intervenção na sociedade poderão gerar algumas perguntas, tais como:

Será a má alimentação o tabaco do futuro?

Qual seria o limite ético para utilizar as informações das pessoas em prol da melhoria de sua saúde?

O sistema de saúde privado poderá utilizar informações de diagnósticos prévios para barrar os planos de saúde?

O governo poderá monitorar e desassistir pessoas que não sigam o tratamento médico?

A economia e os recursos naturais tendem a melhorar ou a piorar diante desses cenários?

A terceira idade deverá ser considerada uma idade produtiva e não ter mais direito a aposentadoria?

Os modelos de carreira e ascensão social deverão ser revistos?

Como lidaremos com os transumanos?

Estaríamos preparados para lidar com pessoas que irão cometer a automutilação ou a simples intervenção para ter órgãos e membros que lhes permitirão um desempenho acima da população "natural" [não ciborgue]?

Serão os transumanos aceitos socialmente?

Como será o futuro dos planos de saúde/seguro saúde?

As religiões passarão a considerar a intervenção tecnológica como algo natural?

E SE ///

A CONVERGÊNCIA TECNOLÓGICA PERMITISSE QUE AS PESSOAS PASSASSEM A VIVER MAIS, AUMENTANDO EM 50% O TEMPO DE VIDA?

O índice de mortalidade fosse reduzido, mas não zerado? As pessoas seguiriam morrendo por falta de prudência e desinformação?

Uma nova carreira fosse desenhada para membros da 3ª idade?

Surgissem grupos de naturalistas que criariam seus filhos longe da tecnologia intensiva e buscassem uma linha mais homeopática para tratamento de doenças?

Novas drogas e terapias fossem lançadas como elixir da juventude?

O mercado negro de drogas biológicas, nanoterapias e órgãos sintéticos ficasse aquecido?

As paraolimpíadas passassem a ser a grande vitrine para teste de tecnologias ligadas a melhoria do desempenho humano?

O governo se articulasse para proteger os dados dos cidadãos e tornasse crime as empresas rejeitarem algum tipo de pessoa devido ao seu perfil genético?

Países em desenvolvimento sofressem com falta de recursos por falta de planejamento?

Os mercados passassem a vender somente alimentos orgânicos ou alimentos nutracêuticos?

As religiões passassem a fazer um lobby político até que a sociedade as force a rever seus dogmas?

VISÕES

OS EMPREENDEDORES GRISALHOS (SILVERPRENEURS)

Entre 2015 e 2040 o mundo passou por grandes transformações. Nosso conceito de saúde e bem-estar passou por uma ressignificação, drogas evoluíram e ao menos que você fizesse algum tipo de bobagem, passamos a ter 70% de chance de vivermos aproximadamente 100 anos.

A crise financeira mundial já era coisa do passado, mas de certa forma, agora, todos sofriam com o desenvolvimento econômico pequeno (somente países em estruturação cresciam de modo vertiginoso).

Em muitos países as leis previdenciárias foram revistas e aposentar agora era somente para acima de 75 anos e com um valor bem ínfimo. Quem havia feito uma poupança em épocas de vacas gordas vivia melhor. O mercado sofreu uma enxurrada de "novos velhos profissionais" dispostos a unirem o conhecimento que tinham junto com os novos saberes da geração mais nova (mais de 60% das gerações "Y" já estavam no mercado). Eles foram carinhosamente rebatizados pela geração mais nova de "Centênios", pois seriam a primeira geração a atingir um número considerável de pessoas com a idade de 100 anos.

Em um dia como qualquer outro, Isabel, uma jovem senhora de 65 anos toma seu coquetel de super vitaminas diárias. Era impressionante como já fazia tempo que ela não sabia mais o que era ser abatida por um cansaço, fraqueza ou uma gripe boba.

Com o surgimento de novas tecnologias no mercado de varejo, a área em que trabalhava foi reconfigurada e, em menos de 5 anos, o departamento em que Isabel trabalhava deixou de existir. Ela se via com força, mas se sentia totalmente deslocada do atual modelo de trabalho.

Não demorou muito para ela perceber que muitos de seus amigos, conhecidos e contemporâneos encontravam-se na mesma situação. Eles eram parte de uma comunidade que viveriam facilmente até a 4ª idade, já haviam visto e aprendido coisas que não estavam disponíveis na grande rede e, por isso, tinham como foco principal reintegrarem-se à sociedade produtiva de modo que pudessem utilizar toda a sabedoria adquirida e aliá-la aos conhecimentos emergentes em prol de corrigir problemas sociais ainda persistentes. O fato de a humanidade passar a viver mais trouxe um lado "ruim". Ela passou a consumir mais e mesmo com as comunicações sobre conscientização de consumo e desperdício, fomos tocados pela escassez mundial de alguns recursos naturais vitais.

Muitos sessentões viram nesse tipo de desafio uma oportunidade para se reaproximarem de seus netos e trabalharem soluções que ajudassem as futuras gerações de familiares.

Surgia aí uma comunidade de empreendedores grisalhos [**silverpreneurs**], como eles gostavam de se autoproclamar, responsável por integrar gerações para que pudessem aprender e reaprender uns com os outros e utilizar a sabedoria, o conhecimento, a experiência de vida e um pouco de dinheiro guardado para solucionar problemas que envolviam o mau uso de recursos naturais, tratamento de lixos e esgotos e administração do uso da água potável.

Uma nova carreira para a terceira idade surgia daí. Estatísticas mostravam que a nova comunidade estimulou o massivo surgimento de empreendedores individuais acima dos 60 anos. Em pouco tempo eles já eram a maioria entre os empreendedores e alguns deles já despontavam como nova liderança responsável pelas grandes transformações de impacto social pelo mundo.

CONCEITOS E EMPREENDIMENTOS
MODELOS DE NEGÓCIO BASEADOS NA LONGEVIDADE

Esta nova forma de ver a saúde e a longevidade humana tem estimulado o surgimento de negócios que visam a criação de valor para a sociedade a partir da premissa da ampliação do tempo de vida e do bem-estar.

Startups e empresas consolidadas começam a atuar em uma lógica fora do conhecido ciclo da doença e começam a antever comportamentos e ajudar as pessoas a cuidarem de sua saúde no ciclo da prevenção e diagnóstico prévio.

A 23andMe[44] é uma empresa que atua no ciclo de prevenção da saúde, utilizando a tecnologia de mapeamento de DNA para antever problemas e ajudar as pessoas a se cuidarem antes que algo pior aconteça. O produto, serviço e modelo de negócio lançado em 2007 era tão visionário que a FDA teve dificuldades de lidar com o novo paradigma. As diversas incógnitas sobre o novo produto e serviços que a empresa oferecia fizeram com que o órgão de regulamentação americano limitasse[45] o uso de todo o potencial tecnológico ofertado.

---

44 // www.23andme.com/en-int/

45 // http://gizmodo.com/23andme-is-back-in-the-genetic-testing-business-with-fd-1737917276

Não diferente da pequena e promissora empresa anterior, a Nestlé decidiu criar uma divisão de alimentos terapêuticos [Nestlé Health Science][46] [nutracêuticos] capazes de ajudar na prevenção e recuperação de doenças. A viabilizadora do Nespresso assumiu mais uma vez a posição de vanguarda ao estabelecer um novo mercado existente entre a indústria de alimentos e medicamentos.

Um outro exemplo tão extraordinário quanto a descoberta de novas terapias para a prevenção e manutenção da vida vem de uma área não ligada a medicina, mas importante no desenvolvimento social. A escola de idiomas CNA criou um novo tipo de serviço que permite o aprendizado e aperfeiçoamento da língua inglesa por meio do intercâmbio cultural e geracional[47] entre alunos brasileiros e idosos americanos aposentados dispostos a trocar experiências e a ensinar a língua por meio de plataformas **online**. O uso da tecnologia de comunicação, associado a uma nova visão de mundo, permitiu a criação de uma nova dinâmica no mercado de educação de idiomas capaz de impactar socialmente dois públicos distanciados pela geografia e pela faixa etária.

46 // www.nestlehealthscience.com.br

47 // https://youtu.be/-S-5EfwpFOk

SEGUNDO ENSAIO

EFICIÊNCIA INTELI GENTE — REAL TIME OPERATIONS

ATÉ POUCO TEMPO ATRÁS OS MODELOS DE DESENVOLVIMENTO ECONÔMICO ASSUMIAM QUE OS RECURSOS, SEJAM ELES HUMANOS, TÉCNICOS, NATURAIS OU ESTRUTURAIS, ESTARIAM DISPONÍVEIS EM MENOR OU MAIOR GRAU PARA IMPULSIONAR O CRESCIMENTO. NO INÍCIO DOS ANOS 1970, UM GRUPO DE PESQUISADORES DO MIT, LIDERADO POR DONELLA MEADOWS[48], DEMONSTROU QUE O CRESCIMENTO TEM LIMITES IMPOSTOS PELO ESGOTAMENTO DE FONTES DE ENERGIA NÃO RENOVÁVEIS COMO O PETRÓLEO E INSUMOS COMO O MINÉRIO DE FERRO, ALÉM DE GERAR IMPACTO AMBIENTAL SEM PRECEDENTES. O FATO É QUE A ESCASSEZ E A ABUNDÂNCIA DE RECURSOS SEMPRE ESTIVERAM NA MIRA DOS ESTRATEGISTAS DOS GOVERNOS, EMPRESAS E ONGS E, ATUALMENTE, O MUNDO PRESENCIA ESTES DOIS MOVIMENTOS, SIMULTANEAMENTE. SE POR UM LADO FALTAM RECURSOS COMO A ÁGUA DOCE, MATÉRIAS-PRIMAS COMO CACAU OU MINÉRIOS COMO O PALÁDIO, COM A ENTRADA MASSIVA DA MANUFATURA CHINESA DESDE OS ANOS 1990, ATUALMENTE, SOBRA CAPACIDADE PARA PRODUÇÃO DE AÇO OU DE AUTOMÓVEIS.

48 // Ver Meadows [Limits of Growth].

Por um lado, vivemos um "choque de recursos" (ou "choque de oferta") em países como o Brasil. Basta observar a infraestrutura precária para movimentar a logística de produtos para exportação, listar o número de cidades com problemas hídricos crônicos ou as consequências econômicas de uma educação básica com baixa qualidade. Por outro lado, nos últimos 20 anos, as chamadas tecnologias emergentes vêm surpreendendo a sociedade com soluções exponenciais, ainda que controversas, para os problemas de escassez. É o caso do uso de transgênicos para alimentar o mundo e da tecnologia da informação e suas derivações no campo digital, onde os recursos computacionais como capacidade de processamento, armazenagem e análise com **big data** possibilitam acessar cada vez mais conhecimento e pessoas de maneira mais eficiente e inteligente a custos reduzidos. O espaço virtual não tem limites para o crescimento a ponto de empresas constituídas do Vale do Silício estarem multiplicando sua atuação global, baseando sua plataforma de negócios na abundância de recursos, seja aplicando computação em nuvem ou contratando sob demanda a "nuvem humana".

O ambiente digital alterou significativamente a prospecção de produtos e serviços a ponto da Google criar a expressão **Zero Moment of Truth** (Momento Zero da Verdade) para expressar o fenômeno da compra depois que a internet se tornou a principal ferramenta de pesquisa, decisão e cotação e que corresponde a 70% do tempo gasto pelas pessoas antes de efetivamente realizaram uma transação comercial. Nas últimas décadas, a conexão entre objetos e pessoas se expande também para objetos conectados entre si em comunicação constante. Novas formas de interação surgem a partir destas relações, modificando a maneira como as pessoas vivem, compram e trabalham. Ferramentas do dia a dia se tornam mais dinâmicas ao integrarem funções com outros objetos, derrubando as barreiras físicas do próprio artefato e criando um meio inteligente no qual estamos inseridos e com o qual interagimos. Com a aplicação crescente da Internet das Coisas, em que qualquer objeto de uso frequente nas nossas casas (atualmente mais de 20 utensílios domésticos já estão conectados à internet), trabalho ou no espaço urbano (carros, ruas, praças e outros espaços públicos) se torna um canal de venda, um sensor para captar dados ou um **hotspot** de serviço, surgem, então, oportunidades inimagináveis de tornar nossas empresas, nossa economia e nossa sociedade mais eficientes de maneira inteligente.

Outro fenômeno igualmente importante de registrar tem sido a qualidade e intensidade das experiências vividas pelas pessoas com marcas tipo Amazon, Uber ou Starbucks. Uma pesquisa mostra que uma vez que o serviço de táxi do Uber é instalado em determinada cidade, menor é a paciência das pessoas na espera por um táxi. A expectativa de experiência criada com serviços que oferecem um alto grau de conveniência, personalização e agilidade gera mudança sem precedentes nos hábitos dos consumidores e este comportamento pode estar migrando para praticamente todos os setores, de modo que se as empresas e seus produtos/serviços não se adequarem às exigências crescentes da demanda vão perder espaço para aquelas que o fizerem.

TENDÊNCIAS

CONTEXTO EM TEMPO REAL

Surgimento de um novo modelo de gestão e operações com ganho de eficiência, diminuição do desperdício, tendo como principais vetores o desenvolvimento robótico [utilizando drones, por exemplo] e inteligência artificial [o **big data**]. A Dow Chemical vem utilizando uma combinação de RFID + GPS para reforçar a segurança e visibilidade de seus produtos em toda a cadeia de valor de modo a evitar, ou pelo menos reduzir, danos, perdas ou roubos. Os chips contêm sensores que são capazes de monitorar temperatura, umidade e impacto, assim como monitorar se a segurança dos produtos foi violada. Da mesma forma, a Cemex aplica um sistema de distribuição dinâmico chamado de sistema nômade com GPS e **big data** em que caminhões de cimento ficam circulando na cidade com o produto e à medida em que vão entrando os pedidos o caminhão mais próximo da entrega vai sendo acionado para o **delivery**.

SEAMLESS

Experiências de valor altamente personalizadas, descomplicadas, ágeis e relevantes, suportadas por tecnologias digitais e processamento de dados tais como geolocalização, referência cruzada de dados e base do perfil de usuários. A Amazon criou o serviço Amazon Locker destinado a clientes que, em vez de destinar a entrega de sua compra para sua casa, trabalho ou hotel, têm a possibilidade de fazê-la para uma das centenas de pontos de recolhimento de pacotes espalhados pelas cidades. A retirada pode ser realizada através de um leitor de código de barras ou digitando um código numérico fornecido no momento da compra. O uso da tecnologia de realidade aumentada, também chamada pela Microsoft de realidade mista [aumentada + virtual], com seu Hololens, já vem sendo aplicada por empresas como DHL para o sortimento de entregas em que um operador recebe o auxílio de um óculos com navegador digital para trabalhar no manuseio dos estoques, reduzindo o número de erros e o tempo de procura de determinado item.

OPERAÇÕES COMPARTILHADAS

Novo patamar de desempenho operacional [atendimento, logística e serviços] pelo acesso e utilização mais inteligente e eficiência dos múltiplos canais, recursos e alocação de atividades entre os **players** de uma cadeia logística, suportado pela evolução da internet [internet das coisas] e o fim da fronteira entre **offline** e **online**. Na onda da economia compartilhada voltada para os negócios **B2B**, a Machinery Link é um serviço de plataforma criado pela Farmlink que possibilita produtores rurais nos EUA alugarem equipamentos agrícolas ociosos de outros produtores num raio de 50-100 km de distância. O robô Tally é uma solução de auditoria de prateleira e análise robótica autônoma varrendo grandes trajetos para capturar, analisar e relatar a disponibilidade de mercadorias no atacado ou varejo.

CADEIA DE VALOR EM REDE

Conexão, engajamento e parceria estratégica com clientes e outros **stakeholders**, numa rede de valor em que todos evoluem juntos por meio de plataformas de engajamento e colaboração e produção descentralizada com uso de impressora 3D. A Cremer decidiu oferecer um serviço de compras corporativas em que a empresa assume as operações de suprimentos dos hospitais mediante um contrato de nível de serviço em que o desempenho em custo, qualidade e tempo deve ser superior aos patamares anteriores. Os serviços de customização de massa, oferecidos por empresas como Lego e Nike, têm possibilitado a criação de um novo mercado em que cada um de nós se torna designer e maker de produtos.

VISÕES – REAL TIME OPERATIONS

CRIAÇÃO: ANDERSON PENHA; ANDRÉ COUTINHO; CARLOTA MINGOLLA
ROTEIRO: ANDRÉ RIBEIRO
ILUSTRAÇÃO: VITOR ISHIMURA

Desde que decidiu deixar o estresse que se tornou gerenciar a cozinha de seu restaurante estrelado, o renomado chef Júlio Marcondes vinha trabalhando em um novo projeto de comida rápida quando percebeu a oportunidade de ter seu próprio **food truck**, oferecendo pratos mais elaborados em uma cozinha móvel, mais integrada à cidade.

Para se manter ainda mais conectado, o chef Júlio utiliza um aplicativo criado pela ABC Sucos Orgânicos, que reúne os principais eventos que vão ocorrer na cidade, onde ele pode avaliar a expectativa de público e o tipo de evento, escolhendo quais são mais identificados com seu trabalho.

Na agenda de hoje, Júlio decide dirigir o truck até um café da manhã em um parque da cidade, onde se reunirão membros de um clube de dança da terceira idade e, à tarde, servirá almoço para executivos em um centro comercial. O chef, então, pode planejar cuidadosamente os pratos a serem servidos e as compras necessárias para hoje, tudo baseado nas informações obtidas no aplicativo.

No início da manhã, Júlio se põe a caminho do parque e seus pratos de café da manhã são, como sempre, um sucesso. Sem muito tempo a perder, o chef faz a preparação para o cardápio do almoço e se dirige ao centro comercial. Logo os executivos vão saindo dos escritórios e, novamente, as receitas de Júlio são um sucesso. Em pouco tempo ele vende muito mais do que o esperado.

Em outra parte da cidade, na garagem de um sobrado antigo, vários amigos estão reunidos. Em volta deles, vários instrumentos musicais espalhados, guitarras, baixo, bateria. A banda fez mais uma pausa nos ensaios. Eles vêm ensaiando o dia todo, em expectativa para a votação final no site Bandas & Conexões. Marcos, Luisa, Rodrigo e João são novatos no universo da música. Todos se conhecem desde a infância, mas estão reunidos no grupo há apenas alguns meses, por isso, quando surge uma oportunidade de fazer com que outras pessoas conheçam o som da banda, eles precisam aproveitar. Foi o que aconteceu quando mandaram um vídeo para o Bandas & Conexões, esperando que pudessem vencer as batalhas de bandas e se apresentarem ao vivo em um evento na cidade.

Já no final da tarde surge uma nova notificação do aplicativo da ABC Sucos Orgânicos avisando Júlio sobre um novo evento que acontecerá na cidade: um show aberto com a banda vencedora do concurso Bandas & Conexões, uma parceria entre ABC Sucos Orgânicos e o site Catarse [www.catarse.com.br] que promove competições entre bandas iniciantes através de votações **online**.

Decidido a estender um pouco mais o dia de trabalho, mas sem muito tempo para as preparações, o chef Júlio começa a planejar o próximo cardápio quando percebe que o estoque de bebidas estava no mínimo: ele havia feito muito mais vendas do que o planejado. Não podendo perder mais tempo e já tocando o **truck** para o local do evento, Júlio aciona um único botão na geladeira de bebidas, enviando um sinal ao centro de distribuição inteligente da ABC Sucos Orgânicos mais próximo.

Enfrentando o trânsito da cidade, Júlio segue para o próximo evento, esperando que o pedido das bebidas chegue a tempo: sem elas não há possibilidade nenhuma de atender aos clientes do evento.

Já a poucos minutos do local do show, mas ainda preso no trânsito, o chef Júlio recebe uma mensagem do centro distribuidor da ABC Sucos Orgânicos, avisando que um motoboy foi mandado para entregar as bebidas que estão em falta para o próximo evento. É o único alívio de Júlio no momento, uma preocupação a menos e um problema resolvido. Ele sabe que ainda precisa se instalar no local e começar a preparação dos pratos que serão servidos no show. Mas o congestionamento que está enfrentando o deixa na dúvida: "Será que o motoboy vai conseguir chegar a tempo de servir os primeiros clientes do evento?"

Agora, reunidos em volta do computador, eles acompanham a votação. Estão na frente por muito pouco, o suficiente para os deixar cheios de esperança e, ao mesmo tempo, apreensivos com uma possível virada da banda concorrente.

Com 1500 **likes** na página Bandas & Conexões, da ABC Sucos Orgânicos, e as votações encerradas, os amigos Marcos, Luisa, Rodrigo e João agora podem comemorar a conquista da batalha das bandas e da oportunidade de se apresentarem logo mais à noite em um evento na cidade. Eles arrumam todo o equipamento, acertam o figurino do show e se colocam a caminho do local do evento o mais rápido possível. Na correria, mal tiveram tempo de comer, tamanha a pressa e a ansiedade características das primeiras apresentações ao vivo.

Para sua sorte, encontrando o caminho livre já depois da hora do rush, os quatro amigos chegam rapidamente ao show organizado pela ABC Sucos Orgânicos e começam a descarregar os instrumentos e outros equipamentos. Ainda com um breve tempo até o início da apresentação, os amigos começam a percorrer o evento, observando as pessoas que já começam a chegar e a lotar a praça. Para disfarçar o frio na barriga [e a fome], Luisa para em frente a um **food truck** que acabara de estacionar na avenida ao lado da praça. Os amigos são atendidos pelo chef Júlio, que anota os pedidos com certo ar de preocupação. Entre uma conversa e outra o chef e sua equipe começam a preparar os pratos e a expressão preocupada de Júlio se desfaz no momento em que um motoboy estaciona ao lado do **food truck** e começa a descarregar as bebidas que estavam em falta. Júlio serve rapidamente os quatro amigos que, um pouco mais relaxados pela comida reconfortante do chef, seguem juntos para o palco principal, os corações batendo forte pelo entusiasmo da estreia.

CONCEITOS E MODELOS DE NEGÓCIO EMERGENTES

LOCAL MOTORS

A Local Motors é uma fabricante de automóveis norte-americana que aplica um modelo de negócio único na produção de modelos com baixo volume a partir de projetos [design] cocriados em uma plataforma **open source** e se utilizando de múltiplas minifábricas espalhadas pelo país. Seu produto mais conhecido é o carro Rally Figher e a moto Racer e eles ainda produzem e comercializam bicicletas elétricas, triciclos e carros de brinquedo. São **heavy users** de tecnologia 3D aplicada à fabricação de peças e está fabricando veículos customizáveis feitos a partir de 75% de material criado com ajuda da tecnologia. O modelo LM3D, construído em parceria com a IBM Watson, Sieman's Solid Edge, IDEO e SABIC, tem como prioridade a sustentabilidade, e a ideia é que as peças possam ser recicladas indefinidamente, trocando apenas partes danificadas pelas mais recentes, que serão desenvolvidas ao longo dos anos. Ou seja, o usuário terá um mesmo carro para o resto da vida. As peças podem ser fabricadas diretamente a partir de arquivos digitais, reduzindo o custo e os resíduos de carbono associados à moldagem e fundição.

PLATAFORMA B2P – BUSINESS 2 PROFESSIONAL

CONCEITO

Ambiente de comércio, serviços e relacionamento com clientes tipo profissional, técnico ou influenciador tais como arquitetos, engenheiros, designers, agrônomos, veterinários, serralheiros, mecânicos, médicos, dentistas, entre outros, que demandam um atendimento personalizado [querem exclusividade], tecnicamente superior [são exigentes quanto à qualidade, funcionalidade e ao desempenho do que compram], mas que, muitas vezes, querem pequenas quantidades/lotes [não compram volume].

IMPLICAÇÕES

Este conceito reduz a dependências dos pequenos e médios clientes dos grandes distribuidores atacadistas e amplia o acesso ao mercado para clientes do segmento profissional, ou seja, voltado para profissionais independentes tipo o serralheiro no caso de móveis ou o agrônomo no caso de defensivos agrícolas. A aplicação pode potencialmente gerar uma disrupção no mercado, uma vez que a conveniência e experiência com o serviço oferecido pode ser ampliada para grandes clientes.

PROTÓTIPO

No início dos anos 2000, a divisão de plásticos da GE criou ou GE Polymerland, uma plataforma de comércio eletrônico, logística e serviços voltada para pequenos e médios clientes para dar acesso ao mercado de polímeros com serviços de comercialização, customização de massa dos produtos [para escolha de modelos e cores] e mentoria/assessoria técnica para aplicação nos processos produtivos.

O NEGÓCIO A PARTIR DOS DADOS

CONCEITO

A utilização massiva e exponencial de RFIDs, sensores, GPS, robôs, impressora 3D e inteligência artificial nos locais de armazenagem [**smart silos**], transporte [**smart logistics**] e nos próprios produtos e serviços [internet das coisas] tem possibilitado às empresas ampliarem sua presença no mercado e nos clientes, algo próximo da ubiquidade. E como já vem acontecendo com o mercado de software, em que o uso da computação em nuvem permite upgrades constantes de forma que os clientes estão sempre atualizados e operando no estado da arte da tecnologia, vale o mesmo princípio aplicado ao mundo físico, em que produtos e serviços se transformam em **software**. O CEO da GE Jeffrey Immelt tem afirmado que o grande negócio do futuro das empresas de produto é o domínio dos dados dos clientes e quem primeiro ocupar este território terá obtido uma vantagem competitiva significativa.

IMPLICAÇÕES

O cliente faz o **outsourcing** de parte do seu processo de manutenção, operação e inteligência. Isto possibilita a prática de reposição automática de peças, componentes ou insumos, **upgrades** automáticos de produtos e serviços e, talvez, o serviço mais impactante, a prática de interferência direta nas operações visando eficiência e otimização dos custos pela aplicação da inteligência com **big data**, cuja tecnologia está embarcada nos produtos e serviços.

PROTÓTIPOS

A Caterpillar e a Uptake codesenvolvem ferramentas de análise preditiva capazes de tornar a montanha de dados gerados por escavadeiras e pás hidráulicas em informações significativas que podem ajudar clientes da Caterpillar a identificar possíveis problemas de manutenção antes que quebras ou danos aconteçam, minimizando o tempo ocioso das máquinas. A GE, por meio da iniciativa Prediz, está "embarcando" sensores em todos os seus equipamentos, de modo a criar uma nova linha de serviços para monitoramento de dados, uso adequado de seus produtos e busca contínua de eficiência inteligente nos clientes.

TERCEIRO ENSAIO

MULTIPROTAGONISMO DE IMPACTO — COMPETIÇÃO POR PROPÓSITO

NOS ÚLTIMOS ANOS TEMOS VISTO UM CRESCIMENTO VERTIGINOSO NA TROCA DE INFORMAÇÕES ENTRE PESSOAS. HOJE É DIFÍCIL PASSAR UM DIA SEQUER SEM QUE NÃO SEJAMOS TOCADOS POR ALGUM TIPO DE CONTEÚDO. TODAS PROVENIENTES DE UMA REDE DE CONTATOS ENTRE PESSOAS CONHECIDAS OU DESCONHECIDAS, PRÓXIMAS OU DISTANTES, REAIS OU VIRTUAIS [NO SENTIDO ESTRITO DA PALAVRA]. SEM PERCEBERMOS, ESTE TIPO DE ACESSO AMPLIOU O NOSSO REPERTÓRIO DE CONHECIMENTO, EXPANDIU NOSSA CONSCIÊNCIA E TROUXE QUESTIONAMENTOS QUE FIZERAM E FARÃO MUDAR DE VEZ A FORMA COMO ENCARAMOS O MUNDO AO NOSSO REDOR. VIVEMOS EM UM ESTADO DE EBULIÇÃO EM NOSSA SOCIEDADE. CRENÇAS E VALORES DE OUTRORA ABREM BRECHA PARA MODELOS EXPERIMENTAIS NAS MAIS DIVERSAS ÁREAS, NA EDUCAÇÃO, NA RELIGIÃO, NA CONFIGURAÇÃO SOCIAL, NA POLÍTICA, NA COMUNICAÇÃO, NA ECONOMIA, NA PRODUÇÃO E INEVITÁVEIS NA FORMA COMO NOS RELACIONAMOS COM AS EMPRESAS E SUAS MARCAS. POR VEZES ESQUECEMOS QUE AS INSTITUIÇÕES SÃO COMPOSTAS POR UM COLETIVO DE PESSOAS E QUE SUAS MARCAS SÃO A REPRESENTAÇÃO MAIS QUE SIMBÓLICA DAS CRENÇAS E VALORES DE QUEM AS CONSTITUEM. SE A SOCIEDADE PASSA POR QUESTIONAMENTO É NATURAL QUE AS PESSOAS QUE COMPÕEM UMA ORGANIZAÇÃO, BEM COMO CLIENTES E PARCEIROS, TAMBÉM SE VEJAM NESTA MESMA SITUAÇÃO, QUESTIONANDO O PAPEL E O VALOR DA INSTITUIÇÃO DA QUAL ELES FAÇAM PARTE, DIRETA OU INDIRETAMENTE.

Ao vermos empresas como Patagônia e Ben & Jerry's, assistimos o surgimento de um novo paradigma no mercado, onde as empresas passam a se orientar por um propósito maior, onde a lucratividade respeita determinadas premissas morais claras. Neste contexto, as marcas passam a ser bandeiras[49] de uma causa, simbolizando um ethos de grupo de pessoas — profissionais, clientes e parceiros — que compactue com a visão, os valores e as renças atrelada a elas, chegando a ser quase sinônimo de um novo tipo de "religião" moderna.

Surge aqui um desafio às empresas nascidas em outro contexto histórico cujas crenças e valores eram ligadas a uma lógica de crescimento sem propósito claro. A reconstrução de crenças e valores de empresas e marcas passa por uma ressignificação de seus símbolos, ritos e mitos, exigindo mais do que um **rebrand**, um novo **slogan** ou um **facelift** no portfólio de produtos e serviços, mas uma reconfiguração da arquitetura social e do modo de pensar, partindo de dentro para fora onde:

> O propósito da empresa mobiliza e alinha toda a sua rede de valor [parceiros, comunidades onde atuam e colaboradores] de modo a promover acordos onde todos ganham.
>
> A empresa deixa de ter responsabilidade social e segue uma vocação social.
>
> Os processos, produtos, serviços e experiência seguem o ethos da empresa do início ao fim, de modo transparente e que permite a rastreabilidade ao longo de toda a cadeia de geração de valor.

TENDÊNCIAS

Elencamos alguns sinais e tendências que podem ajudar a emergir este tipo de pensamento. Seriam eles:

Autoformação e novas formas de aprendizagem: busca por conhecimento de forma não linear, autodidata e orientada pelo contexto que está se vivendo. Novos modelos educacionais e tecnologias valorizam o desenvolvimento transdisciplinar, prático/experimental, informal [não curricular], não hierárquico: de professor->aluno para horizontal [entre pares] ou reverso [dos menos experientes para os mais experientes], continuado, acessando conteúdo ilimitado e multicultural.

---

49 // Como já alertava Kevin Roberts em seu livro *Lovemarks*.

Ativismo e representação social: indivíduos, grupos e autoridades sociais mais informados, conectados e ativos socialmente que se articulam e manifestam por meio de canais analógicos e digitais em prol de causas [políticas, econômicas, sociais, meio ambiente] e exigindo respostas de lideranças atuantes nos setores público ou privado para ações que não condizem com o padrão ético.

Economia do compartilhamento: novos modelos/conceitos econômicos: moedas [sociais, digitais], compartilhamento do acesso à propriedade privada [ex: carro, casa, trabalho] e serviços ["**streaming**", "**everything as a service**"], financiamento por meio de **crowdfunding** e outros mecanismos de microfinanciamento.

Uso de **big data** para rastreamento das informações: consumidores manifestam interesse em conhecer os componentes de produção de determinado produto ou serviço. Rastreamento de cadeia produtiva para compreensão dos impactos sócio--ambientais e integridade da marca em todos os pontos de interação.

VISÃO DE FUTURO

Ao pensar sobre o futuro muitas questões aparecem. Permitir pensar livremente sobre elas e especular ações e soluções é uma atividade criativa inerente a qualquer ser humano.

A combinação das tendências listadas anteriormente nos faz acreditar que as empresas deverão se preparar para sofrer o mesmo tipo de indagação que passam os órgãos públicos. Sabemos que ainda é difícil imaginar empresas privadas sendo escrutinadas publicamente por uma sociedade civil organizada sobre o cumprimento de resultados condizentes com um propósito prometido por suas marcas. No entanto, no período em que escrevíamos este livro aconteceram os casos relacionados à Samarco[50] e ao bar Quitandinha[51], em São Paulo, fazendo emergir algumas perguntas:

> Estariam as empresas [de todos os tamanhos], suas marcas e seus líderes prontos para enfrentar um questionamento público[52]?

50// goo.gl/UgPekT

51 // Caso do bar Quintandinha.

52 // Durante a escrita do livro aconteceu um "linchamento vitual" de um bar tradicional em São Paulo.

A forma como fomos ensinados a ver o mundo e as competências que temos para solucionar problemas nos negócios e na sociedade serão suficientes para reconfigurar nossas instituições para o século XXI?

A sociedade está consciente do poder de seus atos — causas e consequências — neste novo cenário?

E SE ///

A sociedade seguisse o ciclo comum de amadurecimento e começasse a questionar mais incisivamente suas instituições públicas e privadas, seja por meio de hackeamento do sistema ou por ações abertas de diálogo público, isso levaria as empresas a criarem quais tipos de estratégias para lidar com a situação?

Inicialmente, teríamos uma quebra generalizada de empresas com modelos de negócios não condizentes com propósitos sociais, incapazes de se adaptarem ao novo modo.

Empresas em adaptação investiriam pesadamente em sua área de comunicação para trabalharem uma plataforma de diálogo entre a marca e as pessoas de modo a proteger a imagem por meio de atuação de seus cientistas sociais [analógicos e digitais], engenheiros de relacionamento [analógicos e digitais] e relações públicas.

O portfólio de produtos e serviços também passaria por ajustes, porém só mudaria seu modelo de negócio se realmente entrasse em colapso. Reposicionamentos, como feito recentemente pela Ford[53], mostram que este tipo de situação é mais provável do que imaginamos.

O número de empresas com vocação social aumentaria vertiginosamente deixando de ser uma exceção no mercado, passando a se firmar como o novo padrão de comportamento das empresas.

53// Anuncio de reposicionamento feito pela empresa.

A escassez de recursos e de investimentos continuaria a mesma e iniciaríamos uma concorrência por propósitos.

Empresas com propósitos parecidos sofreriam pressão pública para se juntarem para administrar melhor os recursos captados.

Seguindo uma lógica adotada em plataformas de microinvestimento, investidores aportariam capital em um portfólio de ações das empresas que melhor sustentassem o propósito alinhado a um modelo de negócio consistente.

Assim como o selo de qualidade [**ISO**], as negociações transcontinentais exigiriam um selo [**B-corp**] que comprovasse o propósito e a proposta de valor firmada pela empresa.

Uma vez estabelecido o modelo de selo [**B-corp**], a comprovação de resultados tangíveis e intangíveis seria feita constantemente pelo mercado por meio de cruzamento de informações e uso de **big data**.

As Fundações e Instituições seriam absorvidas como parte dos negócios e seus lideres passariam a fazer parte do board de decisões da empresa, de modo a representar a voz da sociedade e orientar as ações da empresa a seguirem sua vocação social.

Instituições como ONU e GIFE[54] passariam a ser parceiras estratégicas na criação, orientação e análise dos propósitos traçados pelas empresas — a lista de objetivos do desenvolvimento sustentável da ONU[55] seria a orientadora central da criação de valor para sociedade local e global.

Países, estados e municípios seriam avaliados pela capacidade de atrair e manter negócios responsáveis em suas regiões.

Os relatórios contábeis — de empresas abertas ou fechadas — passariam a ter um capítulo de transparência pública do negócio. As informações sobre as empresas permitiriam a criação de um novo sistema capaz de avaliar com melhor precisão os ativos tangíveis

54 // Grupo de Fundações e Instituições.

55 // https://nacoesunidas.org/pos2015/agenda2030/

e intangíveis de uma empresa, cidade, estado e país, impactando diretamente na forma de avaliar o PIB tangível e intangível.

Funcionários e parceiros trocariam de empresa para experimentar novas formas de realizar um propósito ou se sentissem que teriam aptidão para realizar outros objetivos sociais com retorno mais claro para a sociedade e para ele.

Áreas de desenvolvimento humano nas organizações passariam a ser missionárias em busca de colaboradores e mantenedores de causas, em vez de recrutadores de mão de obra.

Empresas sem o selo de **B-corps** seriam vistas como marcas marginais e somente os colaboradores com pouca consciência e qualificação fariam parte dessas empresas.

Ideais e filosofias de trabalho seriam debatidos amplamente. Propósitos que fossem compreendidos somente por um nicho específico da população seriam a grande contracultura do sistema.

VISÕES – UMA EMPRESA ORIENTADA PELO PROPÓSITO

CRIAÇÃO: ANDERSON PENHA; ANDRÉ COUTINHO; CALOTA MINGOLLA
ILUSTRAÇÃO: VITOR ISHIMURA

Empresas elegem propósitos, causas ou missões de impacto social e se apropriam desses propósitos, ocupando espaço no **share of mind** das pessoas.

Como se fossem impulsionadoras e, até precursoras, de movimentos, as empresas conduzem e influenciam outras partes interessadas [a exemplo de governos federais, estaduais e municipais] e demais atores na direção deste propósito.

Acirra-se uma competição entre empresas cujo propósito é não só melhor compreendido e aceito por todos, mas, sobretudo, praticado.

O cidadão adepto a propósitos e à "nova ostentação", até mesmo pessoas não adeptas, são influenciadas pelo movimento e, indiretamente, são movidas nesta direção.

Em prol deste propósito, empresas mobilizam e alinham toda a sua cadeia de valor (fornecedores, distribuidores, comunidades onde atuam e outros parceiros) e promovem acordos ganha-ganha (onde todos ganham).

- cadeias de fornecedores antes desorganizadas, precárias e dominadas por elos mais fortes da cadeia [intermediários] são [re]organizadas pelo propósito.
- tais acordos vão criando barreiras a empresas concorrentes que querem participar nesta cadeia.
- distribuidores participam do movimento [ex: logística reversa para atender política nacional de resíduos sólidos].

A origem dos produtos tem não só qualidade, rastreabilidade, mas também "propósito assegurado".

CONCEITOS E EMPREENDIMENTOS

MODELOS DE NEGÓCIOS CONSCIENTES

Nesse contexto de criação de valor alinhado a um propósito maior começam a surgir novos modelos de negócios consistentes e com marcas que passam a ser ícones de novos tempos.

Empresas como Chipotle Mexican Grill têm trabalhado a partir de uma nova lógica no setor alimentício, chamada de "**fast casual restaurant**". O modelo de negócio desse tipo de restaurante combina a agilidade de operação de um restaurante fast food com a qualidade de ingredientes e ambiência de um restaurante "a la carte".

Em 2011, Chipotle apresentou uma campanha[56] chamada **back to the start** onde alinhava uma oferta de valor contemporânea [comida orgânica de preparo rápido] a um propósito forte de "cultivar um mundo melhor"[57], criando assim uma das marcas mais consistentes no setor. A empresa chamou a atenção por ratificar seu compromisso com a sociedade e com a cadeia de valor.

---

56 // https://prezi.com/atmsntztcimn/chipotle-business-model-canvas/

57 // Livre tradução de *Cultivate a better World.*

Um exemplo de consistência da marca é que, em 2015, a empresa sofreu alguns problemas com seus produtos. No final do ano, a CDC[58] [centro de controle de doenças norte-americano] reportou que 55 pessoas sofreram intoxicação alimentar [e.cole] advinda de produtos produzidos pela empresa. Desde a descoberta da intoxicação, o fechamento de muitas unidades e a queda nas ações da empresa foi travada uma batalha na web[59] onde fãs da marca, espontaneamente, defendem que a empresa é vítima de sabotagem financiada por empresas ligadas a organismos geneticamente modificadas [OMG] — publicamente, a Chipotle é contra esse tipo de alimento, passando assim, a defensores "incondicionais" da marca.

Outros exemplos relevantes de ressignificação da marca e criação de novos modelos de negócios podem ser vistos no casos da Ekocycle e K's Japan.

A Ekocycle é uma marca relacionada à reciclagem de embalagem e transformação em produtos de alta qualidade. Will.i.am e Coca-Cola juntaram forças e competências para criarem um modelo de negócio baseado na regra dos "3 Rs[60]", onde as embalagens de Coca-Cola são transformadas em matéria-prima e reutilizadas no processo de construção de diversos produtos úteis à sociedade. Em parceria com a 3DSystems a empresa lançou uma impressora 3D — Ekocycle™ Cube®[61] — capaz de utilizar as embalagens como insumo para a produção de objetos impressos em 3D.

O caso da K's Japan, uma produtora de guitarras, diferentemente dos casos anteriores, tem um foco peculiar no reposicionamento da marca a partir da redesenho do modelo de negócio da empresa. Segundo o vídeo case[62] montado pela empresa, o setor passava por algumas dificuldades, pois o seguimento de Rock'n'roll vinha perdendo espaço no mercado de música do Japão. A solução: uma guitarra feita com material para ser quebrada pelos guitarristas assim como nos concertos de rock. Depois de quebrada a guitarra passa por um retrofit, novas peças são compradas e acopladas à guitarra original, substituindo as peças danificadas. A ideia que surge a partir da dificuldade estabelecida é um redesign completo do negócio e o alinhamento da marca com um propósito maior, a de "difundir [mais uma vez] o espírito do Rock [entre os japoneses]".

---

58 // Center for Disease Control.

59 // Reportagem e comentários sobre o assunto —http://money.cnn.com/2015/12/29/news/companies/chipotle-e-coli-outbreak-outlook/

60 // Reduzir, Reciclar e Reutilizar.

61 // www.youtube.com/watch?v=ZleF6Ylqmx4

62 // www.youtube.com/watch?v=SwOFAzuGlIM

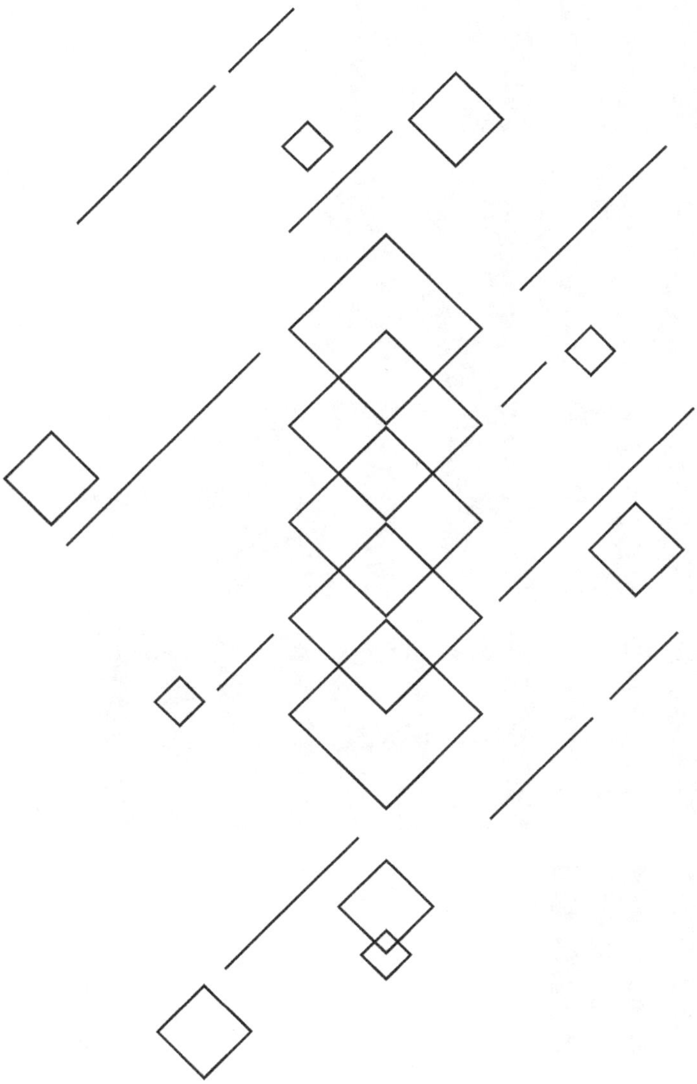

QUARTO ENSAIO

GOVERNANÇA ABERTA— GOVERNO CONTEXTUAL

HISTORICAMENTE, A POPULAÇÃO ESPERA QUE SEUS GOVERNOS PROMOVAM O BEM-ESTAR DA SOCIEDADE E RESOLVAM OS PROBLEMAS SOCIAIS E ECONÔMICOS DE SEUS PAÍSES, ESTADOS OU MUNICÍPIOS. TRADICIONALMENTE, OS GOVERNOS TÊM CONFIADO A TECNOCRATAS A TAREFA DE ESTUDAR ALTERNATIVAS E PROPOR SOLUÇÕES PARA OS PROBLEMAS DE CARÁTER PÚBLICO. SOLUÇÕES QUE DEPENDEM DE MECANISMOS LEGAIS SÃO ENCAMINHADAS PARA VOTAÇÃO NO CONGRESSO E SE TRANSFORMAM EM POLÍTICAS PÚBLICAS POR MEIO DO EXECUTIVO. O PROGRESSO DAS AÇÕES É, ÀS VEZES, MAS NEM SEMPRE, MONITORADO PELA ADMINISTRAÇÃO PÚBLICA E, RARAMENTE, SUBMETIDO À APRECIAÇÃO DA SOCIEDADE E, MESMO QUANDO O GOVERNO PRESTA CONTAS, O FATO JÁ FOI CONSUMADO. QUANDO O MANDATO DE UM GESTOR PÚBLICO TERMINA, MUITAS AÇÕES PARAM, ATÉ QUE UM NOVO GOVERNO ELEITO ASSUMA O COMANDO E O CICLO RECOMEÇA NOVAMENTE. A GESTÃO PÚBLICA TEM SIDO DURAMENTE QUESTIONADA EM TODO O MUNDO EM ASPECTOS COMO TRANSPARÊNCIA. PRESTAÇÃO DE CONTAS, RESPONSABILIDADE POR RESULTADOS [ACCOUNTABILITY] E DESCONTINUIDADE POLÍTICA, QUE SOMADOS, CRIAM A FÓRMULA PARA A INEFICIÊNCIA COM DESPERDÍCIO DE RECURSOS DO CONTRIBUINTE NO MELHOR DOS CASOS OU, NO PIOR DOS CASOS, CORRUPÇÃO.

Mesmo quando existe evolução dos programas de governo, a mudança pode ser lenta ou desfeita com a próxima eleição. Não é de se admirar que o nível de confiança na gestão pública esteja caindo, já que os cidadãos mais informados, ativos e conectados passam a questionar seriamente a habilidade de políticos e gestores públicos implementarem promessas e proposições de suas campanhas. A inadequação dos governos ao contexto de uma sociedade conectada e exigente tem sido uma constante:

> o apego a conceitos e modelos ultrapassados: o viés ideológico de alguns governos tem como consequência um executivo pouco pragmático e distante das demandas da população, a exemplo de alguns países da América Latina, África e Oriente Médio. E ainda governam com marcos legais formulados em outro contexto histórico e mesmo quando se decide avançar com novas leis após anos de debate, as mesmas já não mais refletem a realidade em que vivemos;

> a ineficiência gerencial: a prática tem demonstrado que o recurso público gerido pela iniciativa privada ou pelo setor social é mais eficiente e gera mais impacto na sociedade do que o recurso público administrado pelo governo. Em alguns casos, a eficiência chega a cinco vezes mais, não à toa tem crescido o número de parcerias público-privadas;

> esgotamento do funcionalismo: o modelo funcionalista enquanto design de governo em que novas ideias geram novas estruturas [como ministérios, secretarias, departamentos ou agências] para as implementar dá sinais de esgotamento, já que o crescimento e a diversificação das estruturas esbarra na capacidade da sociedade em sustentar orçamentos públicos crescentes por meio da carga tributária.

No Blueprint sobre Economia Social, Lucy Bernholz [2016] propõe um mapa da sociedade civil na/da era digital [ou simplesmente sociedade civil digital] em que o espaço de representatividade e intervenção público-social se dilui em organizações da sociedade civil [até então chamadas de ONGs — organizações não governamentais], movimentos, arranjos [**assemblages**] sociais, campanhas e negócios sociais. Claramente um fenômeno de destruição criativa do território público-social antes ocupado [somente] pelos governos. A governança que emerge da sociedade digital é marcada pela transparência/monitoramento, acesso/interação, direitos/deveres [relativizados] e engajamento/ativismo.

SOCIEDADE CIVIL DIGITAL CONFORME L. BERHOLZ (2016)

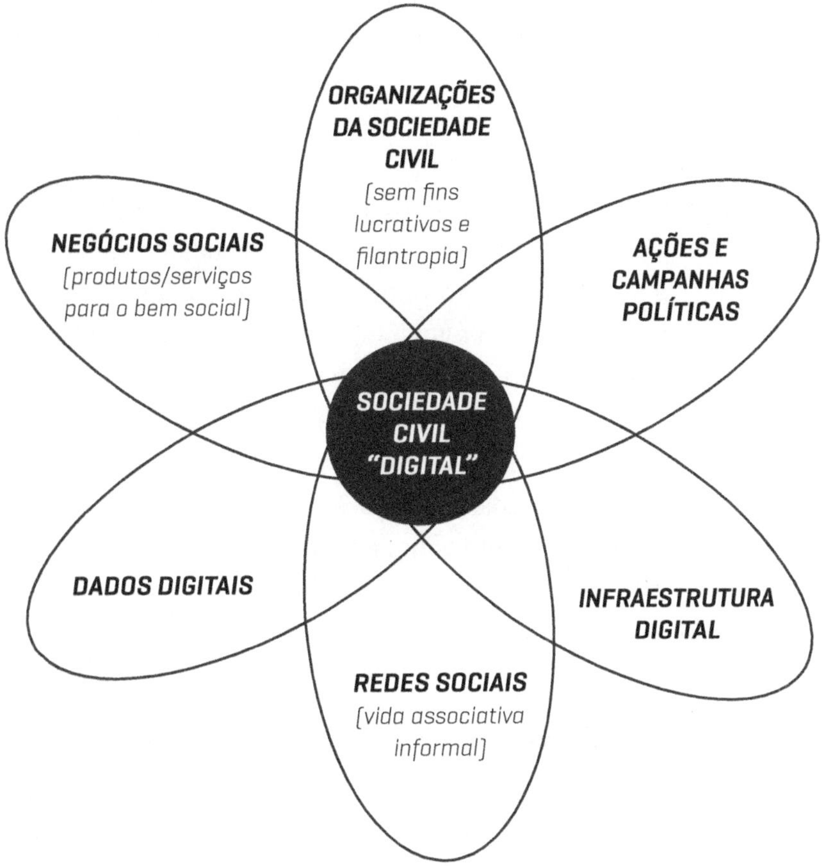

TENDÊNCIAS

GOVERNO COMO PLATAFORMA DE ENGAJAMENTO

Tradicionalmente, os governos vêm confiando a especialistas (ou tecnocratas) a tarefa de estudar alternativas e propor soluções para os problemas de caráter público. Soluções que dependem de mecanismos legais são encaminhadas para votação no parlamento ou se transformam em políticas públicas por meio do executivo. O modo típico aplicado na decisão de avançar em uma nova solução segue a lógica de um debate deliberativo em um nível abstrato com representantes da sociedade (políticos e seus assessores) e sustentado pela recomendação de especialistas — trata-se de um modo diretivo de governar e a estrutura de governo reflete isto: ministérios, departamentos, secretariais, institutos e agências especializadas tratam de formular soluções abstratas e implementá-las, em geral com pouca consulta popular.

Algumas organizações públicas já perceberam que muitos dos problemas não são facilmente resolvidos, mesmo com o notório saber de especialistas. Afinal, estamos diante de problemas complexos, não complicados. Assim sendo o modo diretivo de tomar decisões dá lugar ao modo colaborativo, mais adaptativo por natureza, em que o mais importante é estabelecer interações com **stakeholders** e fazer emergir a solução. O modo colaborativo cria uma multiplicidade de oportunidades e meios de compromisso para fortalecer um governo aberto e participativo. Como disse Innes e Booher [2010], os processos colaborativos podem induzir mudanças em grandes sistemas que ajudam a tornar nossas instituições mais eficazes e adaptativas e fazem com que o sistema em si seja mais resiliente. Por meio das redes sociais e outras plataformas, os anseios e necessidades das pessoas passam a ser seriamente debatidos, trazendo lucidez ao problema e estreitando as fronteiras entre os desafios que permeiam as esferas públicas, privadas e sociais. Governanças colaborativas ou arranjos político-sociais que conectam o cidadão, o governo e instituições privadas fazem com que o governo seja mais adaptativo. A democracia representativa evolui para a democracia participativa e a colaboração entre os agentes da sociedade passa a permear o processo de tomada de decisões na gestão pública.

Por outro lado, empresários, organizações do terceiro setor, universidades e outros representantes da sociedade civil estão inconformados em esperar que os políticos eleitos planejem e executem as ações de governo. Além de realizar investimento social privado por meio de fundações, institutos ou patrocinando organizações da sociedade civil, estes atores passaram a exigir do governo que se transforme em um novo locus de articulação e viabilização de novas ideias, impulsionadas pelas interconexões e forças da digitalização, conectividade e mídias sociais. O governo deixa de ser um mero formulador e executor de políticas públicas [com apoio de especialistas] e se torna uma plataforma **online** ou **offline** de interações entre **stakeholders** na concepção, articulação e execução de ideias originadas pelos **stakeholders**. O futuro da criação de valor público se desloca para organizações que engajam indivíduos na criação conjunta de valor.

A Agenda 21 das Nações Unidas, de setembro de 2011, criou uma aliança para o **Open Government** gerando um compromisso dos governos de diversos países em implementar acessos e espaços seguros como plataformas para a entrega de serviços, participação do público e compartilhamento de informações e ideias. Democracias participativas podem engajar cidadãos que, de outra forma, não estariam participando da gestão e governança social. E o fazem de modo intencional, transformador, cocriativo e integrativo, coevoluindo em um continuum. A nova governança que emerge deste novo contexto institui redes, fóruns, comitês, conselhos, câmaras e outros arquétipos organizacionais que possibilitem a implementação efetiva dos princípios do engajamento, da diversidade, da generatividade, do diálogo, da transparência, da integratividade, da auto-organização, da emergência e da incognoscibilidade[63].

PLATAFORMAS DE ENGAJAMENTO EMULANDO O EMPREENDEDORISMO E O DESIGN SOCIAL

O empreendedorismo social procura reunir cidadãos, voluntários e empreendedores em parcerias para colaborar na concepção e execução de projetos e serviços de caráter social, visando melhorar a qualidade de vida da sociedade pela ação articulada entre os públicos. As plataformas de engajamento podem estar em qualquer local do ecossistema de criação de valor em que o governo e sociedade operam, projetadas para diferentes propósitos.

Partindo de desafios de caráter público, busca-se melhorar a cooperação por meio de parcerias, financiamento colaborativo [**crowdfunding**] ou até mesmo doações colaborativas [**crowd donations**]. Nos EUA, iniciativas como a challenge.gov [o governo convida empreendedores a empreender soluções para problemas sociais] ou a DonorsChoose.org [cada um de nós doa dólares para projetos educacionais]. Grande parte dos projetos de empreendedorismo social tem sido viabilizada graças à escalabilidade oferecida pela tecnologia digital.

Instituir espaços **hackers** ou **makers** de design social ou design para o governo, como é o caso do Mind Lab [http://mind-lab.dk/en/], da Dinamarca, que cocria com a sociedade e prototipa soluções de alto impacto. Da mesma forma, a iniciativa Design for Government [http://dfg-course.aalto.fi/], na Finlândia, ensina as pessoas a projetar uma nova atuação de governo conectado com as necessidades da população. Na Inglaterra, o Government Digital Service [https://www.gov.uk/design-principles] orienta o governo a promover experiências de valor minimamente compatíveis com o que as pessoas estão recebendo por meio de serviços privados digitais tais como Uber e Spotify.

63 // Para mais informações, veja *O Paradigma da Cocriação* [2016], de V. Ramaswamy e K. Ozcan.

APLICANDO O BIG DATA SOCIAL

A fragmentação dos dados, da comunicação, do consumo, do interesse [cauda longa] fez emergir a busca por buscar [coletar], criar sentido [analisar] e entender [visualizar] o que se passa no mundo. O chamado **big data**, ou aplicação da inteligência artificial, tenta decifrar a complexidade dos fenômenos e se presta a uma tomada de decisões mais inteligente. A cidade inteligente se configura no ambiente urbano com uso massivo de sensores [ex: detectores de movimentos, estados ou imagens] bem próximos dos indivíduos [ex: dispositivos móveis] ou espalhados pelos edifícios, aglomerados populacionais, ruas ou parques públicos. Para analisar a base de dados em tempo real, são criados algoritmos e APIs [**Application Programming Interfaces**] que fornecem inteligência. O **big data social** tem possibilitado detectar ou antecipar a incidência de problemas, expectativas e necessidades da população nos municípios. É o caso da parceria entre o aplicativo Waze e a prefeitura de Los Angeles para melhorar o trânsito e até reduzir os índices municipais de violência.

E SE ///

Em vez de leis ou políticas públicas a sociedade operasse por meio de contratos sociais, válidos para determinados contextos em que se reúne uma **assemblage**, formulados e votados nas plataformas de engajamento?

O grau de intervenção do governo nos contextos onde atua varia conforme a necessidade/urgência ou relevância/essencialidade? Seriam aceitas pelas assemblages, intervenções recomendadas por especialistas e decididas por representantes em contextos que demandarem um maior grau de intervenção [menor interação com **stakeholders**] como, por exemplo, obras de infraestrutura; para outros contextos, haveria uma intensificação das interações para incentivar a emergência de novas ideias?

A inteligência coletiva fosse mobilizada de forma contínua e sistemática, por meio do **big data social** para geração e proposição de visões, agendas e ideias para arquiteturas sociais ou contratos sociais?

O governo não fosse uma instância rígida e formal. Em vez de prefeitos, governadores, deputados, vereadores, teremos cada um de nós [os indivíduos] formando o governo e caberá aos catalizadores sociais impulsionar arquiteturas sociais e ao representante liderar a dinâmica das plataformas?

A **assemblage** que interage na plataforma de engajamento se encarrega de selecionar os mais aptos a participarem das arquiteturas ou design sociais?

O valor compartilhado fosse uma premissa de impacto em toda e qualquer arquitetura ou design social?

Em vez da política [da maneira como nós conhecemos hoje] ganhasse espaço o agente social?

GLOSSÁRIO DO GOVERNO CONTEXTUAL

Agente social: a palavra político seria abolida, ao menos temporariamente ou até que o conceito de política resgatasse aquilo que já foi [nos tempos antigos da Grécia], e seria substituída pela palavra agente social.

Arquitetura ou design social: resultado almejado de toda e qualquer intervenção [projeto] finalística de governo. Intervenções cujo resultado são sistemas abertos à melhoria ou transformação contínua com a participação de especialistas ou **stakeholders**. A arquitetura ou design social é implementada numa parceria entre diferentes atores escolhidos para tal.

Assemblage: rede de atores ou arranjo social que se reúne temporariamente para um propósito comum, mas que se desfaz uma vez que o propósito perde validez ou legitimidade entre os atores. É uma evolução do termo sociedade, com uma importante diferença que a assemblage não necessariamente obedece fronteiras geográficas, culturais, étnicas ou sociais.

Big data social: inteligência artificial e coletiva aplicada para buscar [coletar], criar sentido [analisar] e entender [visualizar] o que se passa no mundo.

Catalizador social: evolução do gestor público, que passará a atuar como articulador, viabilizador e projetista de arquiteturas sociais.

Contratos sociais: evolução das políticas públicas, formuladas, articuladas e acordadas de forma dinâmica e inteligente entre os **stakeholders** e especialistas. Padrões esperados de comportamento que convergem a partir da plataforma.

Espectro de intervenção: grau de intervenção requerido pelo governo em determinados contextos.

Governança contextual: comportamentos e significados oscilam com rapidez, onde muitas das conexões sem fronteiras se fazem e desfazem sem aviso prévio, o grau de intervenção varia conforme o contexto e lideranças emergem mais pelo ativismo, protagonismo e exemplo do que pelo poder instituído.

Governança social: assemblages de atores que se articulam em esquemas temporários para gerar um fluxo de informação e conhecimento, responsabilidade [**accountability**] e auto-organização. A governança social regula as plataformas de engajamento e zela pela integridade dos contratos sociais.

Inteligência coletiva: processo cognitivo e dinâmico de concepção, articulação, debate, votação, proposição e decisão sobre os rumos da sociedade.

Plataformas de engajamento: ambientes **online** ou **offline** que habilitam processos e interações cocriativas entre especialistas ou entre **stakeholders**. Os processos de decisão [sobre um novo projeto, contrato social ou nova política pública] acontecem de forma dinâmica pela inteligência instalada a partir da plataforma.

Propósito ou Visão ou Agenda: imagens, aspirações, propósitos, objetivos, metas ou planos de ação para o futuro. O conceito de MTP [**Mass Transformative Purpose**], ou propósito transformador massivo, aplica-se perfeitamente neste caso.

Protótipos: designs meta, beta ou piloto continuamente testados, validados e ajustados pela forma e função na assemblage.

Representante: nome dado ao antigo gestor público, o representante tem um histórico de ativismo na plataforma e é identificado pelo protagonismo na **assemblage**. Pela rede social, o representante assume temporariamente o papel de atrator da rede constituída na plataforma.

Valor compartilhado: valor extrínseco ou intrínseco gerado pelo governo contextual com as partes envolvidas.

VISÃO – RUMO AO GOVERNO CONTEXTUAL

CRIAÇÃO: ANDERSON PENHA; ANDRÉ COUTINHO
ILUSTRAÇÃO: LUIS MAXIMUS

As pessoas experimentam a cidadania digital e se engajam politicamente dentro das plataformas, discutindo pontos de vista e sugerindo soluções para temas polêmicos como a cibersegurança ou o suicídio digital.

A inteligência coletiva plugada no big data social permite, em poucas horas, a votação dos novos contratos sociais.

As comunidades locais (seja nos condomínios, ruas, bairros) se auto-organizam em **assemblages** e passam a compartilhar seu tempo, seus bens, suas capacidades e estabelecem contratos sociais válidos e aceitos pelos seus membros.

Protótipos de impacto social são projetados e testados em plataformas de engajamento. Se fizerem sentido, rapidamente ganham adesão das pessoas por meio de **crowdfunding**.

A transparência, o acesso e o diálogo sem precedentes também fazem surgir a intolerância, acentuam as diferenças e alimentam o terrorismo e todas as formas violentas de combater o inimigo.

CONCEITOS E EMPREENDIMENTOS
GOVERNANÇA PÚBLICA E SOCIAL
10 MILHÕES DE IMAGINAÇÕES

No final de 2006, o prefeito Oh Se-Hoon, de Seul, Coreia do Sul, lançou ao público uma iniciativa pioneira e futurista para impulsionar a criatividade e a imaginação da administração municipal, trazendo cidadãos como participantes ativos de ideias para projetos e políticas públicas. Sua origem foi uma rede interna da prefeitura, chamada Creative Seoul Project Headquarters, onde o prefeito incentivava servidores públicos a sugerir ideias em três temas: melhoria das práticas de trabalho, incentivo à participação dos cidadãos e gestão transparente da cidade. A nova plataforma, chamada Ten Million Imaginations OASIS, se propôs a receber ideias dos 10,3 milhões de cidadãos de Seul. Entre outubro de 2006 e maio de 2009, mais de 4,25 milhões de cidadãos visitaram a OASIS, enviando 33.737 ideias [em média, 1.050 ideias por mês]. Um grupo seleto de participantes pré-qualificados, incluindo especialistas em políticas públicas, servidores públicos e um Comitê de Cidadãos voluntário, avalia e desenvolve as ideias. Das 1.050 ideias propostas, em média por mês, no OASIS, cerca de 120 chegam à etapa de discussão. Nesse ponto, o OASIS consolida ideias semelhantes, seguido por um exame preliminar offline onde as ideias selecionadas são avaliadas de acordo com sua factibilidade e viabilidade. Aproximadamente 100 ideias já foram implementadas por meio da OASIS, tais como o fornecimento grátis de carrinhos de bebê e cadeiras de rodas em parques e legendas em inglês nos filmes que passam nos cinemas.

O RIO GRANDE QUE QUEREMOS

O estado do Rio Grande do Sul enfrentava sérios problemas financeiros em 2005. Em 2006, lideranças empresariais se reuniram com lideranças políticas e sociais para propor um vasto programa para recuperação econômica e social do estado. Articulações políticas tiveram início no intuito de conduzir uma transformação legítima e a iniciativa foi denominada Agenda 2020 — o Rio Grande que Queremos, para engajar não só membros das organizações empresariais patrocinadoras, mas todo o sistema, incluindo ONGs, governo, educadores e outros representantes da sociedade. Em março/2006, partindo de uma plataforma democrática de engajamento ao vivo com 1.000 cidadãos, foram criados a visão e os objetivos do Rio Grande do Sul para 2020. Desde então, tem havido roadshows, esforços de comunicação e campanhas por todo o estado, além de debates públicos com governantes recém-eleitos. Um site foi criado [www.agenda2020.org.br] com um fórum **online** e livre acesso a todos os tópicos de discussão da agenda, para democratizar o processo de diálogo. De fato, a ideia é que a agenda se torne um observatório público do desempenho do estado e que encoraje toda e qualquer organização a alinhar sua própria agenda à agenda estratégica do Rio Grande do Sul, ao mesmo tempo em que fomenta diálogos entre os **stakeholders**. Outra frente da agenda, voltada para ação, acontece nos 12 fóruns temáticos [como o fórum de infraestrutura, desenvolvimento tecnológico e educação] formados por especialistas e voluntários que juntos formulam e articulam junto ao governo, empresários e organizações sociais e prestam conta à sociedade sobre projetos estratégicos que já estão fazendo a diferença no estado.

CIDADES SUSTENTÁVEIS

Cidades em Transição [também conhecido como Rede de Transição ou Movimento da Transição] é a designação de um movimento social baseado nos princípios da permacultura, aplicados a uma comunidade. Idealizado pelo professor universitário Rob Hopkins, preocupado com a dependência dos combustíveis fósseis, escassez de alimentos, além dos efeitos das mudanças climáticas, ele começou construindo um plano de mudança em Kinsale, Irlanda. Depois, mudou-se para Totnes, em Devon, na Inglaterra, e transformou-o por meio do movimento, chegando a criar uma moeda própria, a Libra de Totnes. O movimento Cidades em Transição já modificou mais de 100 cidades, bairros e até ilhas em todos os continentes que foram convertidos a esse projeto global. Entre os princípios adotados pela Cidade em Transição, vale destacar:

> Formar grupos na sociedade para discutir possíveis ações para diminuir o consumo de energia na sociedade;
>
> Identificar possíveis alianças e construir redes de contato, na internet e fora dela;
>
> Incorporar ideias de outras organizações e iniciativas já existentes;
>
> Formar subgrupos de trabalho que vão olhar para suas regiões específicas e imaginar como a sociedade pode se tornar autossuficiente e capaz de se tornar resiliente, suportando choques externos como a falta do petróleo;
>
> Recuperar hábitos perdidos como fazer encontros comunitários, cozinhar, fazer jardinagem, cultivar hortas e andar a pé ou de bicicleta;
>
> Construir um bom relacionamento com governo local, cultivar uma relação positiva e produtiva com as autoridades locais;
>
> Escutar e relacionar-se com os mais velhos;
>
> Não manipular o processo de transição para essa ou aquela tendência;
>
> Criar um plano de ação para reduzir o consumo de energia da cidade.

ENGAJANDO DIFERENTES ATORES DO AGRONEGÓCIO

O Ministério de Agricultura e Pecuária [MAPA] do Brasil instalou câmaras setoriais e temáticas. A visão por detrás das câmaras foi um panorama sistêmico de conexão entre diferentes atores [privados, públicos e sociais] relacionado à cadeia de valor do agronegócio. Desde então, 24 agendas estratégicas setoriais têm sido cocriadas com a participação de seus respectivos públicos. A câmara setorial da borracha é uma das mais ativas, tendo evoluído para uma série de interações com o governo, empresários, prestadores de serviços e instituições de educação. Em 2012, uma plataforma de cocriação permitiu emergir iniciativas estratégicas, fruto da colaboração entre organizações, públicas, privadas e sociais. Uma delas está relacionada às estatísticas do agronegócio no país e à disponibilização de dados escassos sobre áreas de produção de borracha utilizando coletores de dados por todo o país, unidos a GPSs e tecnologias de sensores. Outra iniciativa está começando a transformar a carreira dos profissionais técnicos da borracha ao oferecer mais opções de treinamentos técnicos, buscando conhecimento pedagógico e firmando parcerias com centros especializados a fim de expandir as possibilidades de carreira. O MAPA tem ampliado sua capacidade de execução, além das restrições de recursos, ao permitir que plataformas de engajamento conectem os públicos, assumindo que o governo sozinho não será capaz de lidar com os complexos desafios de agronegócio dos próximos 20 anos[64].

DISCORDAR COM AMOR

Em 2016, em plena crise política e econômica no Brasil, a marca de sorvetes Ben & Jerry's decidiu abrir em suas sorveterias uma plataforma de debates ao vivo entre pessoas de opinião contrária [https://www.facebook.com/benjerrybr/videos/554689078026003/]. Diante do clima de enfrentamento político e humores exaltados, a Ben & Jerry's acreditava que discutir política era essencial, mas nem sempre essas conversas eram tranquilas, por isso resolveram chamar pessoas que pensavam diferente para trocar opiniões de forma pacífica.

GAME DO BEM

Impulsionados pelo movimento da cidadania digital, a Fundação Telefônica Vivo decidiu, em 2014, transformar o programa de voluntariado voltado para os colaboradores da Telefônica Vivo no Brasil. Batizado de Game do Bem, a iniciativa foi projetada pra ser um exercício de cidadania, composto por missões de cunho social e ambiental que usam tecnologia, gerando impacto positivo na sociedade. Entre as missões trabalhadas aparecem mobilidade urbana, educação e meio ambiente e proteção aos animais. Utilizando o meio digital para estimular a atitude cidadã das pessoas, o game do bem já tem realizado mais de 5.000 missões junto a milhares de voluntários no Brasil, beneficiando dezenas de ONGs que trabalham causas de impacto.

64 // Publicado em revista BSP.

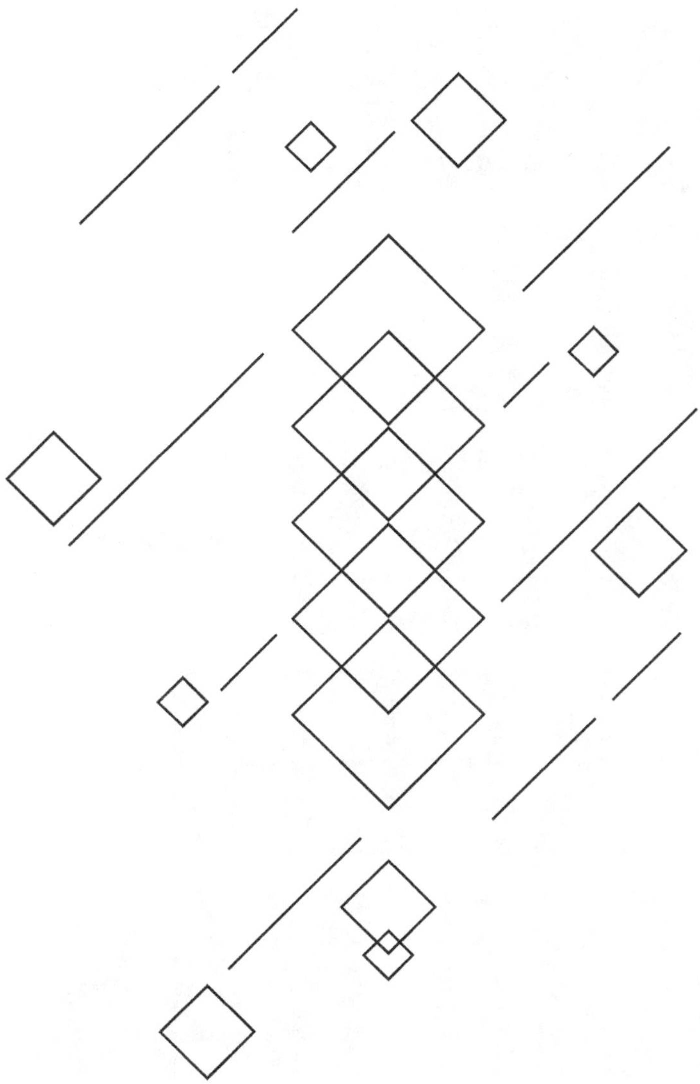

QUINTO ENSAIO

CIDADES INTELIGENTES — A EXPERIÊNCIA NAS ESTRADAS

NÃO É NOVIDADE QUE ACIDENTE DE TRÂNSITO É UMA DAS PRINCIPAIS CAUSAS DE MORTE NO MUNDO. SEGUNDO O RELATÓRIO DA OMS [ORGANIZAÇÃO MUNDIAL DA SAÚDE] DE 2013, MAIS DE 1,25 MILHÃO DE PESSOAS FOI VÍTIMA DO SISTEMA DE TRÂNSITO. NO BRASIL, NESTE MESMO PERÍODO, TIVEMOS 186.698 ACIDENTES, SENDO MAIS DE 8.000 FATAIS [DADOS DA POLÍCIA RODOVIÁRIA BRASILEIRA], SEGUNDO O MESMO RELATÓRIO DA OMS, O PAÍS OCUPA A VERGONHOSA QUARTA POSIÇÃO ENTRE TODOS OUTROS PAÍSES DO MUNDO. A PARTIR DO RELATÓRIO DA OMS É POSSÍVEL TRAÇAR UMA CORRELAÇÃO DIRETA ENTRE OS ÍNDICES DE ACIDENTES DE TRÂNSITO AO IDH [ÍNDICE DE DESENVOLVIMENTO HUMANO] DE UM PAÍS, DESTACANDO ASSIM A IMPORTÂNCIA DO TEMA PARA COM A AGENDA DE DESENVOLVIMENTO HUMANO E SOCIAL DE UM PAÍS. MUNDIALMENTE, O BRASIL SÓ FICA ATRÁS DE PAÍSES COMO CHINA, ÍNDIA E NIGÉRIA. INDEPENDENTEMENTE DESSA POSIÇÃO, É VÁLIDO RELATAR QUE 90% DOS ACIDENTES FATAIS ESTÃO CONCENTRADOS NOS PAÍSES DE BAIXA OU MÉDIA RENDA, E QUE, POR COINCIDÊNCIA, DETÊM 54% DA FROTA DO MUNDO, SENDO MAIS DE 81 MILHÕES, SEGUNDO DADOS DE 2013, DE CARROS REGISTRADOS SOMENTE NO BRASIL.

Estes dados ligam um sinal de alerta para o já combalido sistema de saúde brasileiro, que tem como custos sociais associados ao trânsito mais de R$40 bilhões por ano, sendo R$12 bilhões referentes a acidentes em rodovias federais, conforme relatado[65] pelo IPEA à Polícia Rodoviária Federal.

É possível perceber que qualquer ação que seja feita nesse sentido poderá gerar inúmeros ganhos sociais e financeiros ao país. Se aprofundarmos o estudo em relação aos inúmeros prejuízos relacionados ao roubo de cargas, poluição e impacto ambiental, esse número tende a ficar ainda maior, impactando diretamente a macro economia do país por meio do aumento real da inflação e da diminuição do capital ambiental e social.

Também é possível notar que alguns dos 17 objetivos de desenvolvimento sustentável listados[66] pela ONU estão correlacionados, de algum modo, ao desenvolvimento da engenharia urbana e rodoviária.

A evolução de sensores tem nos permitido sonhar com infraestruturas e objetos cada vez mais conectado; a disponibilização e a integração das informações de tais objetos permitirá um conhecimento sem precedente da engenharia urbana, permitindo que objetos, estruturas e seres vivos possam se relacionar com mais inteligência, diminuindo a ineficiência e o impacto negativo de tais problemas para o mundo. Abre-se a porta para a digitalização das cidades e das estradas, o que explicitará, inicialmente, os problemas existentes, porém, permitirá pequenas e grandes ações capazes de reverter um quadro catastrófico que assola diversos países de baixa e média renda do mundo.

Ao imaginarmos esse contexto emergente vemos pautado na tecnologia a diminuição de acidentes nas estradas e o aumento da segurança das pessoas, animais e cargas que transitam de um lugar para o outro. Veículos, estradas e infraestruturas inteligentes abrem uma oportunidade para diminuir a interferência humana em atividades com altos índices de acidentes e mortes. Se a hipótese se confirmar, a sociedade atingirá um nível de produtividade incomparável e diminuirá os muitos sinistros que impactam a economia e, por consequência, o desenvolvimento socioambiental de um país.

---

65 // https://www.prf.gov.br/portal/noticias/nacionais/prf-e-ipea-apresentam-relatorio-sobre-custos-sociais-em-acidentes-de-transito

66 // http://www.pnud.org.br/ODS.aspx

Resta saber se as empresas, governos e sociedades estarão preparados para lidar com a abertura dessas informações, quando:

> Os dados estiverem abertos e passíveis de serem manipulados por qualquer **cracker**[67] mal intencionado;
>
> Tivermos um ambiente de extrema transparência e que possa comprometer a relação econômico-social de um indivíduo ou coletivo;
>
> Máquinas começarem a tomar decisões que possam comprometer o livre-arbítrio dos indivíduos.

TENDÊNCIAS

Ao pensarmos em cidades e vias inteligentes somos levados a visualizar tendências baseadas em alta tecnologia, mas a grande verdade é que o desenvolvimento de tais infraestruturas serão pautadas mais pelas tendências ligadas às relações sócio-ambientais e econômicas de um país. Listamos alguns sinais e tendências que farão parte direta ou indiretamente da discussão desse tema nos próximos anos:

Hiperconexão: aperfeiçoamento de sensores **wireless** com uso da tecnologia conectando objetos/aparelhos do dia a dia das pessoas a grandes bases de dados e à Internet, transformando objetos/aparelhos estáticos em algo dinâmico, misturando inteligência ao meio, com alcance e impacto sobre a vida das pessoas ainda desconhecidos. Desaparece a diferença entre o **online** e o **offline**.

Life Tracking: plataformas inteligentes que permitem monitoramento preventivo e contínuo do estilo de vida das pessoas, autodiagnóstico de ações pessoais e indicação de mudanças e comportamentos.

Inteligência Artificial: assim como as máquinas superaram a força física humana, o raciocínio lógico humano também começa a ser replicado e, eventualmente, superado por dispositivos e **softwares**.

Novas Fronteiras Legais: repensar dos direitos e deveres de indivíduos, governos e empresas na era digital e da era digital. Analisar a capacidade do legislativo em

---

67 // Definição do termo em https://pt.wikipedia.org/wiki/Cracker

acompanhar movimentos que emergem na sociedade.

Produção Descentralizada: democratização do acesso a tecnologias que permitem o design, prototipagem rápida e produção de artefatos em menor escala para diferentes fins tais como manufatura, construção civil, medicina regenerativa e biogenética.

Reconfiguração das cidades: reconstrução das cidades, cidade como digital, cidade da informação, cidade conectada, cidade baseada no conhecimento, comunidade eletrônica, cobrindo uma ampla gama de aplicações eletrônicas e digitais. Territórios caracterizados pela alta capacidade de aprendizado e inovação, que já é embutida na criatividade de sua população, suas instituições de geração de conhecimento e sua infraestrutura digital para comunicação e gestão do conhecimento.

VISÃO DE FUTURO

A tecnologia de informação virou uma aliada das grandes cidades. Produtos e serviços digitais como GPS, WAZE, Google Street View têm ajudado a organizar o planejamento e deslocamento das grandes massas. Porém, só estamos no início dessa automatização urbana. A hiperconectividade entre pessoas-pessoas, pessoas-objetos e objetos-objetos levará inevitavelmente a configuração de inteligências artificiais capazes de solucionar diversos problemas da sociedade, dos governos e das empresas. A conformação de um grande banco de dados público estimulará novas questões jurídicas e entraremos em uma grande onda de debates públicos para traçar as novas fronteiras legais. As ações públicas e/ou privadas relacionadas ao mapeamento do estilo de vida [**life tracking**] dos cidadãos são controversas. Este tipo de intervenção tecnológica acaba de criar um novo paradoxo social, o "não quero disponibilizar meus dados publicamente, mas quero me beneficiar da inteligência coletiva [sem limites] advinda da informação da sociedade".

É bem possível que qualquer cruzamento de informação que salve vidas, reduza o desperdício e aumente a eficiência operacional dos governos deve ser aprovado com mais facilidade. No entanto, temas relacionados ao mapeamento da saúde, da prevenção e da melhoria do "bem-estar social" levarão um pouco mais de tempo para serem aprovados. Se a lógica se comprovar governos e empresas experimentarão o uso das informações disponíveis para mudarem seus processos operacionais e para reconfigurarem suas infraestruturas [empresas e cidades].

A digitalização passará para outro nível, bites e bytes serão capazes não só de explicar mais sobre o comportamento de um público-alvo, mas poderão ser capazes de conformar átomos reprogramáveis de qualquer lugar a qualquer momento, levando-nos a refletir sobre questões como:

Qual seria o limite ético para utilizar as informações das pessoas em prol da melhoria para todos?

Quais seriam as informações relevantes para salvarmos vidas e diminuirmos desperdício?

Quais informações seriam relevantes para o acesso de qualquer usuário?

Como lidaremos com os crimes cibernéticos?

As empresas de infraestrutura, seguros, transporte, produção e logística serão capazes de suportar os impactos econômicos que estariam por vir?

A produção digital diminuiria o fluxo de deslocamento de materiais terminados entre grandes cidades de modo a impactar diretamente na diminuição de acidentes e na própria inflação por falta de infraestrutura?

E SE ///

Governos e empresas começassem a trabalhar as diversas informações abertas e tecnologias de modo a deixarem a infraestrutura das estradas mais inteligentes, eficientes e seguras?

As informações abertas dessem vida a gráficos, estatísticas e infografias sobre os períodos, trechos e tipo de veículos com mais acidentes na via pública?

Os pontos com mais acidentes e incidência nas estradas pudessem ser estudados e assistidos pelo sistema de policiamento rodoviário?

Governos, policiais, empresas de transporte, logística pudessem se beneficiar das informações para planejar seus produtos e serviços mediante o comportamento da sociedade?

A troca de informação entre passantes e regiões lindeiras permitisse a troca de informação, acesso a conteúdo local e inclusão social?

O uso de sensores em veículos e estradas possibilitasse a criação de uma malha de sensores sem fio[68] capazes de permitir um diálogo constante entre veículo-estrada?

A criação de inteligência artificial permitisse que a tomada de decisão em momentos críticos da viagem fosse feita sem a intervenção humana?

A tecnologia da informação associada ao uso de drones permitisse o acompanhamento e assistência 24 horas em trechos estratégicos das autoestradas?

O comportamento de veículos, carga e motoristas [em caso de veículo não autômato] fosse capaz de ser monitorado e avaliado a qualquer momento?

O acesso à informação contextualizada permitisse um novo tipo de experiência ao transeunte?

Materiais regenerativos pudessem ser aplicados à infraestrutura das estradas, evitando perda de tempo e acidentes?

Os problemas socioambientais do trânsito rodoviário fossem atacados por meio de informação, inteligência e uso de novos materiais?

As rodovias fossem capazes de contribuir diretamente para a melhoria do desenvolvimento sustentável do país?

---

68 // Saiba mais em https://en.wikipedia.org/wiki/Wireless_mesh_network

VISÃO – ROAD EXPERIENCE

CRIAÇÃO: ANDERSON PENHA; ANDRÉ COUTINHO
ROTEIRO: ANDRÉ RIBEIRO
ILUSTRAÇÃO: MARCEL MELFI

O despertador de Antônia toca pontualmente às 6h da manhã. Ela se levanta ainda sonolenta e prepara o café da manhã para, em seguida, acordar seu filho Lucas e levá-lo à escola. Esta rotina se repete todas as manhãs, ao menos naquelas em que Antônia não está na estrada. Cuidando de seu filho apenas com a ajuda da mãe, Dona Clara, ela trabalha com transporte rodoviário, viajando por estradas de todo o país. Antônia chegou de sua última viagem há dois dias esperando poder ficar com seu filho por mais uma semana antes de receber um novo trabalho.

Deixando a casa, mãe e filho seguem de metrô até a escola e se despedem já planejando o passeio noturno ao shopping. Ao voltar, porém, o telefone de Antônia toca e ela recebe uma nova designação: é preciso pegar a estrada ainda nesta manhã e, sentindo o coração apertar, Antônia sabe que não poderá ver o filho novamente nos próximos dois dias. Sempre preocupada, Antônia sabe ser superprotetora às vezes.

Mesmo pesarosa, Antônia aceita o trabalho e, em poucos segundos, as informações sobre o tipo de carga, destino e trajeto são descarregadas em seu smartphone. Ela prepara rapidamente sua bagagem e requisita um veículo elétrico de transporte, disponível para pequenas viagens, que guiará até a Central de Transporte, onde se encontra seu caminhão.

Chegando lá, Antônia descarrega as informações no computador de bordo do veículo, se informa sobre as condições de trânsito e o computador indica a melhor rota, baseado em horários e vias ideais para o tipo de veículo e carga. As estradas mudaram muito desde que viajava com seu pai, quando criança.

Antônia segue, então, para o Centro de Distribuição, que conecta às rodovias cargas trazidas por transporte ferroviário. O Centro é enorme e todos os dias dezenas de trens chegam e são carregados ou descarregados com mercadorias de todos os tipos. A conexão de modais trouxe maior eficiência em toda a rede de transporte. Na entrada, o sistema do Centro guia o veículo ao ponto de carga designado e o caminhão é carregado rapidamente com ajuda de máquinas especialmente projetadas.

Finalmente, pronta para pegar a estrada, Antônia recebe uma chamada de vídeo, projetada no para-brisa do veículo e seu coração se aperta no mesmo instante. Na projeção, Lucas aparece sorrindo e logo pergunta quando sua mãe voltará. Pela pequena câmera instalada no painel, Antônia conversa com o filho, prometendo estar em casa o mais rápido possível.

Já na rodovia, o veículo operado por Antônia segue o trajeto planejado. Durante todo o caminho, Antônia recebe informações sobre as condições das vias, trânsito, limites de velocidade e condições climáticas através das projeções holográficas em postes de comunicação nas vias, personalizadas através do uso de realidade aumentada. Das viagens com seu pai, Antônia se lembra de que isso não existia e a comunicação com os operadores da via e outros veículos era, muitas vezes, precária. Em certas situações, não foi possível evitar acidentes. Apesar de sentir-se segura, a preocupação em voltar para encontrar seu filho mais uma vez não deixa o pensamento de Antônia.

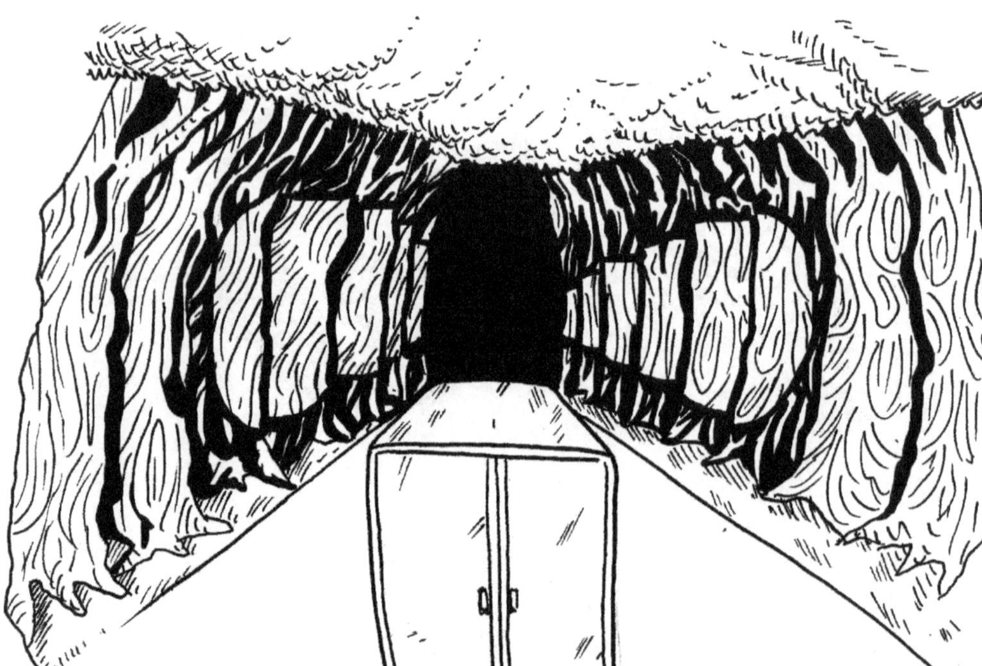

O tempo de viagem está estimado em dois dias e, logo no final da tarde, Antônia utiliza o sistema de comunicação da via, através de um aplicativo no computador de bordo, para reservar um quarto no **Road Center** mais próximo. Estas bases oferecem alojamento, alimentação e outros serviços e a possibilidade de reserva permite uma viagem melhor planejada, segura e confortável.

A noite está muito bonita e quente. As árvores na paisagem ao longo da rodovia trazem uma sensação bem familiar para Antônia. Ela passou a maior parte da vida na estrada e, agora, consegue lembrar perfeitamente de quando as primeiras árvores luminosas foram plantadas nesta mesma estrada e de como olhava para elas pela janela do caminhão de seu pai.

Após o pernoite e agora bem descansada, Antônia volta à estrada novamente. Depois de seguir por alguns quilômetros, ela recebe uma sinalização de neblina na pista adiante e redobra a atenção. Alguns minutos depois, seu caminhão está completamente envolto na neblina. Situações assim costumam ser bastante estressantes, mas nos trechos de baixa visibilidade as sinalizações de LED entram em ação por toda a estrada, facilitando a direção. Dentro de pouco tempo, Antônia deixa a neblina para trás e consegue aumentar o ritmo até chegar ao seu destino final.

Ali, sua chegada já estava programada, baseada no acompanhamento remoto do trajeto e no tempo estimado de viagem. Dentro de poucos minutos o caminhão é descarregado e Antônia se prepara para voltar à estrada. Antes, porém, recebe uma chamada de vídeo de sua casa. Na chamada, Lucas não aparece, apenas a avó, Dona Clara. Antônia estranha a ausência do filho e logo recebe a notícia de que Lucas havia sofrido um pequeno acidente na escola e estava no hospital em observação. O coração de Antônia aperta e ela deseja desesperadamente estar com Lucas novamente.

Assim que a chamada é desconectada, Antônia volta à estrada, determinada a voltar para casa ainda no mesmo dia. Para isso, Antônia programa um trajeto que prioriza o tempo de viagem, mas que a leva por uma estrada que não lhe é familiar. Mesmo apreensiva, ela decide arriscar.

Esta estrada corta uma planície muito grande e segue lado a lado com uma ciclorodovia planejada para viagens a longa distância de bicicletas.

Antônia segue à toda velocidade, quando recebe um alerta de mau funcionamento do motor. Mesmo a contragosto, ela é obrigada a reduzir a velocidade e parar na faixa de acostamento. Ao estacionar na faixa, uma sinalização é acesa na pista, indicando o veículo parado ali. Antônia envia, então, uma mensagem ao socorro da concessionária da rodovia e se senta no meio-fio, esperando impaciente.

Minutos depois, um pequeno drone sobrevoa a cena enviando imagens do local à central de monitoramento para, em seguida, um carro da concessionária trazer uma dupla de mecânicos especializados. Ao chegar eles acessam o computador de bordo do caminhão e, com isso, descobrem precisamente o local da falha mecânica e informam Antônia que o problema levará mais de uma hora para ser resolvido. Ela agradece aos rapazes e baixa a cabeça: a cada minuto vai ficando mais preocupada e desesperada por não estar com seu filho e só consegue pensar em o abraçar novamente.

Antes de completar o tempo planejado, surpreendentemente, o problema mecânico é resolvido pela equipe de mecânicos e Antônia consegue respirar um pouco mais aliviada. Entretanto, sabendo que ainda está a algumas horas de casa, ela segue decidida.

...

Já anoitece quando Antônia estaciona seu caminhão na Central de Transporte ela toma um micro-ônibus que permite chamadas reservadas [ela queria acompanhar o estado de Lucas] , que a leva até poucas quadras do hospital.

Chegando à recepção, o médico está a sua espera e consegue acalmar a angústia da mãe. Antônia pede para ver o filho imediatamente e é levada ao quarto. Ainda pela janela de vidro, consegue avistar seu filho adormecido, e Dona Clara também cochilando na poltrona ao lado da cama. O coração de Antônia se aquece novamente e ela sorri, tranquila. Mesmo sentindo uma vontade enorme de abraçar o filho ela prefere não acordar Lucas, apenas puxa outra poltrona e senta-se ali, sem tirar os olhos do filho até que, finalmente, ela também adormece.

VISÕES DE FUTURO – ROAD EXPERIENCE

O **Road Experience**[69] foi um projeto experimental, concebido pela Symnetics, que nasceu a partir da reflexão sobre o atual cenário das estradas brasileiras e suas múltiplas possibilidades futuras.

O processo levou um pouco mais de 18 meses, momento no qual a empresa se dedicava a investigar aspectos relacionados a experiência vivida por motoristas e passageiros em algumas rodovias pelo Brasil.

A ideia inicial foi estudar tendências e criar cenários que estimulassem uma rede de parceiros a desenvolver soluções capazes de mostrar um novo rumo para a engenharia urbana do país, utilizando os métodos de visões de futuro, a empresa estabeleceu cinco territórios de interesse para sociedade nos próximos anos.

OS TERRITÓRIOS

INTERAÇÃO

Ampliar a comunicação entre usuários e via de transporte, com informações em tempo real, por exemplo, envolvendo concessionárias e cidades circunvizinhas ao trecho rodoviário.

---

69 // www.symnetics.com.br/roadexperience

SEGURANÇA

Aumentar a segurança do usuário com a evolução de sistemas de sinalização, iluminação e vigilância, e o emprego de tecnologias ágeis e confiáveis.

TRANSPORTE MASSIVO

Explorar e integrar as diferentes modalidades de veículos a estrada e cidades, trabalhando com o conceito de transporte como um provedor de serviços e experiências temáticas na estrada.

EDUCAÇÃO E ENTRETENIMENTO

Explorar canais de comunicação e modais de transporte para educação e entretenimento, tornando o período de trânsito mais interessante, produtivo e educativo.

BEM-ESTAR

Ambientar as vias para se tornarem mais confortáveis, agradáveis e atraentes para os diversos públicos, diretos e indiretos, ligados à ela.

Ao longo do projeto foram realizadas aulas, **workshops**, debates com especialistas e, a partir dos cinco territórios foram cocriados e desenvolvidos nove projetos-conceito [**props**] que se converteram na mostra Visões de Futuro: Road Experience, que ficou em exposição no espaço Aldeia, em São Paulo, para coleta da opinião pública sobre o tema.

OS 9 PROJETOS-CONCEITO DA EXPERIÊNCIA NAS ESTRADAS

A ideia de produzir uma exposição sobre o futuro nasce com o objetivo de criar novas linguagens para a apresentação de possíveis negócios e projetos sociais de alto impacto, possibilitar o contato de diversos públicos com o tema, visita gratuita de públicos diversos, além de permitir que potenciais investidores e empreendedores conheçam as ideias, num ambiente dedicado a troca, proporcionando um novo formato de investimento coletivo entre atores de diferentes segmentos.

Como desdobramento do trabalho, a empresa buscou inspirar transformadores sociais, sensibilizar atores relevantes ligados ao tema, estimular a geração de negócios coletivos [**cross-industry**] de alto impacto e qualificar o debate público sobre o tema.

OS HACKERS
NÃO ACEITAM
as
REALIDADES
D O
MUNDO
COMO SÃO
ELES TENTAM

QUEBRAR e RECONSTRUIR

O QUE NÃO GOSTAM.

ELES BUSCAM

SUPERAR com INTELIGÊNCIA

o MUNDO

EM QUE VIVEM.

Sarah Lacy

HACKEANDO O NEGÓCIO

NO SERIADO MR. ROBOT, ELLIOT [RAMI MALEK] SE JUNTA A UM GRUPO INSURGENTE DE "HACKTIVISTAS" PARA COMBATER O ESTABLISHMENT DE MEGACORPORAÇÕES E O CONSUMISMO. EXÍMIO HACKER POR HOBBY, ELLIOT É CAPAZ DE SABER TUDO SOBRE TODOS, MERGULHANDO NAS REDES SOCIAIS E APRENDENDO RAPIDAMENTE SOBRE O COMPORTAMENTO DAS PESSOAS, O FUNCIONAMENTO DOS SERVIÇOS PÚBLICOS, DECODIFICANDO E QUEBRANDO O CÓDIGO — PROCEDIMENTOS E NORMAS PREESTABELECIDAS. ELLIOT É FUNCIONÁRIO DA EMPRESA QUE ELE VAI AJUDAR A DESTRUIR, CUJO EFEITO SERÁ DEVASTADOR PARA A ECONOMIA GLOBAL. O MOVIMENTO HACKER SURGE NO FINAL DA DÉCADA DE 1960 E ESTEVE ORIGINALMENTE ASSOCIADO À PROGRAMAÇÃO DE SOFTWARE, A JOVENS QUE DESCOBRIAM VIA CÓDIGO [LINGUAGEM DE COMPUTAÇÃO] MANEIRAS CRIATIVAS DE ELABORAR E MODIFICAR PROGRAMAS DE SOFTWARES E HARDWARES DE COMPUTADORES, SEJA DESENVOLVENDO FUNCIONALIDADES NOVAS OU ADAPTANDO AS ANTIGAS. COM O TEMPO MUITOS HACKERS PASSARAM A ATUAR DE FORMA CLANDESTINA, ILEGAL E FRAUDULENTA, OPERANDO NAS BRECHAS DE SEGURANÇA DO SISTEMA FINANCEIRO OU DA INTELIGÊNCIA DE GOVERNOS. O HACKER QUE OPERA DE MANEIRA ILEGAL GANHOU UMA NOVA EXPRESSÃO — CRACKER — USADO PARA DESIGNAR QUEM PRATICA A QUEBRA DE UM SISTEMA DE SEGURANÇA. NA ESSÊNCIA, HACKER E CRACKER FAZEM A MESMA COISA, O QUE MUDA É A INTENCIONALIDADE E A CONSEQUÊNCIA DO QUE ESTÃO FAZENDO. ENQUANTO O HACKER DE PROGRAMAÇÃO OPERAVA COM SOFTWARES E HARDWARES NAS DÉCADAS DE 1970 E 1980, A INTERNET NOS ANOS 1990 SURGE COMO UM AMBIENTE LIVRE POR EXCELÊNCIA, AINDA QUE GOVERNOS ESTEJAM SERIAMENTE SE ESFORÇANDO PARA REGULAMENTAR OS DIREITOS E DEVERES NA/DA ERA DIGITAL.

O **hacker** digital ganha, então, uma plataforma infinita de possibilidades [para hackeamento] e a ética **hacker** parece fazer sentido em outros campos que não o da programação. A começar com o ativismo político. Curiosamente, em julho de 2016, o aclamado MIT lançou o prêmio desobediência responsável, oferecendo R$ 250 mil dólares para projetos que desafiem as normas, regras e leis da sociedade. Basta recordar que entre 2010 e 2015 a primavera árabe promoveu, via redes sociais, uma mobilização sem precedentes da população oprimida em países como Egito, Tunísia, Líbia, Iêmen e Sudão e que levou à derrocada de regimes autocráticos, aliás esta foi a inspiração de Sam Esmail ao escrever e dirigir Mr. Robot.

Jeff Bezos é conhecido há quase 25 anos como sócio-fundador e empreendedor em série da Amazon. Bezos tem uma definição muito peculiar do que um estrategista entende por "foco", já que sua empresa opera atualmente de maneira diversificada em setores como comércio eletrônico, serviços de TI, pagamentos digitais, inteligência artificial [com seus produtos Echo e Dash], logística de alta tecnologia [com drones], produção cinematográfica [em 2017 a Amazon Studios ganhou três Oscars]; ou por "desempenho", já que a Amazon tem se orientado a gerar resultado com receita em novos mercados e vem operando sistematicamente com rentabilidade abaixo de 3% sobre receitas. A Amazon é uma máquina de inovação e este modelo ganhou a simpatia de investidores e do mercado, que a tornaram uma das empresas mais valiosas do planeta [em 2017, US$ 400 bilhões]. Por desafiar e hackear o que a administração convencional entende por estratégia onde foco=não dispersão de esforços, e por desempenho em que resultado=lucro sobre capital investido e se orientar pelo crescimento com diversificação serial operando com baixa lucratividade, Bezos deveria ganhar o troféu de insensatez administrativa.

Aplicando tecnologias emergentes [e exponenciais] a Amazon Prime Air é um dos primeiros serviços a oferecer comercialmente o uso de drones ou MAV [**miniature unmanned air vehicle**] para a entrega de diversos produtos adquiridos na Amazon.com. Como os EUA não tinham legislação específica para drones voando ao que hoje se convencionou alturas de no máximo 400 metros e velocidade até 160 km/h, a Amazon chegou a entregar ao FAA [**Federal Aviation Administration**] e à NASA suas sugestões de diretrizes para regulamentação do espaço aéreo, na tentativa de acelerar e buscar brechas nas leis estaduais e federais dos EUA para implementar este tipo de tecnologia. Em junho de 2016, os órgãos reguladores americanos apertaram o cerco e lançaram uma nova regra, exigindo um operador acompanhando a olho nu o trajeto do drone. Isto inviabilizou, pelo menos temporariamente, as operações da Amazon com drones nos EUA. O argumento da FAA para coibir a ação dos drones é baseado em segurança e privacidade das pessoas. Mesmo assim, o projeto piloto de entrega do Prime Air foi concluído com êxito em outro lugar, mais precisamente em Cambridge, na Inglaterra. Em dezembro de 2016, houve uma clara demonstração que se os EUA não aceitam o drone da Amazon, outros países o aceitarão. A outra cartada de Bezos, para surpresa das grandes redes de supermercados como Walmart, foi o design [projeto] do Amazon Go, cujo protótipo está sendo testado em Seattle nos EUA, um supermercado sem nenhum caixa, basta entrar na loja, pegar o que você quiser e ir embora, tudo é cobrado automaticamente. Com este experimento a Amazon pode estar criando não necessariamente um negócio de supermercado automatizado, mas um novo modelo de pagamento automático para o varejo [um **boost** em seu produto Amazon Payments] tendo, para isso, hackeado o que um supermercado entende por experiência do consumidor e segurança.

Bezos, assim como tantos outros empreendedores como Elon Musk, Richard Branson e Jack Ma, atuam como verdadeiros **hackers** de negócios, desafiando modelos, padrões e paradigmas da cultura vigente, e são movidos por um propósito transformador na sociedade. Em seguida vamos explorar cinco operadores cognitivos, ou seja, a maneira como pensam e agem estas pessoas: obliquidade e exaptação, mentalidade global, desobediência responsável, abertura e colaboração em rede, experimentação em série e propósito com liberdade.

OBLIQUIDADE E EXAPTAÇÃO

Os experimentos do design estratégico são melhores realizados de maneira indireta. A intervenção direta gera resistência, confronto e enfraquece o experimento, já que a solução procura resolver o problema de forma pragmática, atingindo diretamente os **stakeholders** envolvidos. Já a obliquidade e a exaptação, como veremos a seguir, vão esmorecendo pouco a pouco os pilares que sustentam os modelos resistentes ao tempo.

Tomemos o exemplo do trânsito, um problema complexo e persistente nas grandes cidades. Várias são as tentativas de os engenheiros de tráfego reduzirem e controlarem trânsito, redesenhando ruas e avenidas, instituindo esquemas de rodízio municipal ou pedágio urbano, todas intervenções diretas que custam à população, além de serem medidas compreensíveis, mas politicamente impopulares. Indiretamente a invenção do home office tem possibilitado às pessoas trabalharem sem sair de casa, ou os formidáveis aplicativos de carro compartilhado, tipo Blah Blah Car e Uber Pool, reduzem significativamente o número de carros na rua. Por outro lado, em muitas cidades as prefeituras concluíram que é melhor "exaptar" o problema do que resolvê-lo e, para isso, criam bairros inteiramente novos ou cidades-satélite sem mexer na infraestrutura de ruas e avenidas das cidades antigas — este foi o caso de Nova Deli e Luanda Sul, cidades ou bairros novos acoplados aos antigos.

A solução oblíqua procura resolver o problema de forma sutil, indireta e trabalhando nos meios para se atingir o objetivo. Para impulsionar a inovação, muitas organizações investem em ambientes que estimulam a criatividade e a experimentação, este é um caminho oblíquo. Já a exaptação constrói um novo modelo de experimentação que possa ser desenvolvido de maneira independente, mas conectado ao antigo modelo. No caso do impulso à inovação, vale destacar os modelos **SkunkWorks**, que têm equipes separadas com desafio, orçamento e prazo para cumprir, mas ausência total de restrições para inovar, ou os **Innovation Labs**, separados das empresas [tipo Google X Lab] que têm características similares.

Numa organização é o hackeamento de políticas, processos, sistemas e orçamentos que possibilita viabilizar técnica, comercial e legalmente um determinado novo projeto. Conhecendo que a cultura de sua empresa é avessa a expressões como mudança, transformação e inovação, há 5 anos um diretor de marketing de uma multinacional atuando no Brasil destina 25% do orçamento para projetos de inovação sem nunca ter sequer mencionado a palavra inovação em seus projetos, ele simplesmente executa projetos inovadores como se fossem projetos de marketing. Em casos como este é mais fácil pedir desculpas do que licença.

MENTALIDADE GLOBAL

Mentalidade [**global mindset**] é um atributo individual que compõe a inteligência de empreendedores, equipes e organizações para identificar e explorar oportunidades e influenciar o surgimento e crescimento de negócios globais. Esta mentalidade tem permitido a articulação de ideias, tecnologias, pessoas, recursos financeiros sem fronteiras, estamos falando de especialistas, centros de pesquisa, empresas ou fundos de venture capital. Além disso, ocupam espaços e culturas mais abertas à experimentação ou menos restritivas do ponto de vista regulatório. Se por um lado a mentalidade global faz reduzir as restrições no **sourcing** [busca] proativo de recursos, quando se vai lançar o novo, as restrições só aumentam. Empresas já citadas como Amazon e outras como Microsoft, Apple, Goolge têm travado batalhas judiciais frequentes na União Europeia e na China; o Uber está ganhando metade das brigas com as justiças municipais que insistem em restringir o funcionamento dos novos modelos de plataforma digital que conectam profissionais (no caso do Uber, motoristas e usuários), mas desmantelam setores inteiros, antes protegidos por sindicatos patronais ou de trabalhadores. O tabuleiro do empreendedor que vai mudar as regras do jogo ou criar um novo jogo não se limita a atuar em uma cidade, região ou país, mas em diferentes culturas e regiões do planeta. O próprio nascimento desses empreendimentos já leva em conta a oferta de soluções globais em plataformas digitais acessíveis pelas pessoas. Tem se tornado comum encontrar empreendedores que partem de um conceito ou tecnologia dos Estados Unidos, abrem a empresa no Brasil, constroem protótipos com projetistas da Holanda, realizam provas de conceito localmente, buscam financiamento de múltiplas fontes (América, Europa ou Ásia) iniciam rapidamente a comercialização em países como Alemanha e fabricam o produto na China — este é o caso da Beone (http://www.beonetech.com/quem-somos.html) fundada por um jovem, hoje com 26 anos.

DESOBEDIÊNCIA RESPONSÁVEL

Estudos recentes no campo da psicologia social indicam que alguma dose de desobediência à autoridade, normas e regras preestabelecidas é fundamental na continuidade dos grupos sociais. Não rompendo com princípios universais (como não matar ou não roubar) de convivência social, a desobediência aliada com propósitos transformadores e projetos que efetivamente mudam o status quo são os verdadeiros motores da inovação. No setor de tecnologia temos dezenas de exemplos de funcionários cujas ideias e projetos foram rejeitados por incompatibilidade estratégica, restrição orçamentária ou simplesmente resistência organizacional à mudança, em inovação são os famosos falsos negativos (ideias rechaçadas que dariam certo). A 1ª câmera digital (projeto nascido na Kodak de 1972) ou um projeto de MP3 (da Philips) são emblemáticos neste sentido. No entanto, a chave é encontrar maneiras de desobedecer sem ser eliminado do jogo. Vimos que agir indiretamente ou "exaptando" parece ser o melhor caminho, pensar globalmente pode reduzir as restrições na busca de recursos, já desobedecer responsavelmente requer coragem, tomada de risco e alguma noção de consequência.

ABERTURA E COLABORAÇÃO EM REDE

Toda vez que nos lançamos num processo aberto de criação de conhecimento vem a pergunta se não deveríamos ter conduzido este processo de maneira reservada sem o envolvimento de tantas pessoas, mantendo tudo sob sigilo e evitando a proliferação de potenciais "concorrentes" da ideia original. Numa era em que as pessoas estão mais conectadas e informadas do que nunca e em que as melhores ideias (ou uma parte que faltava da ideia) seguramente vêm de fora, parece que os processos colaborativos se tornaram mais uma necessidade do que um capricho. Há mais de 15 anos a P&G reserva pelo menos 50% dos esforços em inovação (aberta) para fora num programa chamado Connect & Develop, conectando empreendedores e startups, centros de pesquisa, fundos de **venture capital**, outras empresas e até mesmo aposentados. Inúmeros outros exemplos nos ensinam que a cocriação de valor por meio de plataformas de engajamento (**online** ou **offline**) produz efeitos potencialmente disruptivos, já que estimulam o acesso, o diálogo, a transparência e reflexividade e como efeito a generatividade, a inclusividade e a evolucionariedade (ver Ramaswamy, 2014).

Dentro da ética **hacker** este talvez seja o princípio mais difundido, desde "toda a sociedade pode se beneficiar se experimentar se todos pudessem ter acesso", passando por "desacredite a autoridade e promova a descentralização" até "o acesso a qualquer outro meio que seja capaz de ensinar algo sobre como o mundo funciona deve ser ilimitado e total" e "a informação só existe na mente de uma pessoa (...) e como não se possui a mente de outra pessoa, não podemos comercializar informação (...), o **hacker** tem prazer em passar uma informação a quem quer pensar e criar coisas novas"[70].

Sabemos que, a longo prazo, seremos uma sociedade melhor, mais justa e mais próspera se a inovação for devidamente difundida em benefício de todos. Como afirmou Innes & Booher (2010), "os processos colaborativos podem conduzir mudanças em grandes sistemas que ajudam a tornar nossas instituições mais eficazes e adaptativas e fazem com que o sistema em si seja mais resistente."

---

70 // Extraído de "Ética Hacker", do Wikipedia.

EXPERIMENTAÇÃO EM SÉRIE

Empreendedores seriais operam simultaneamente com múltiplos experimentos, sabendo que a eficiência daquilo que fazem deve estar ao redor de 30–40% [3–4 projetos dentre 10 dão certo] no pior dos casos ou 60–80% [6–8 projetos dentre 10 são bem-sucedidos] no melhor dos casos. Para aumentar a eficiência da experimentação vale registrar os aprendizados das startups descritos por Blank [2014] ou Ries [2014] de pensar grande, começar pequeno e falhar rápido e barato.

Experimentos são apostas no futuro, nem sempre racionalizáveis pelas pessoas ou enquadráveis nos regramentos, mas que são possíveis de serem viabilizados. Por isso eles são, muitas vezes, operados em ambientes longe das regras e políticas institucionais como os espaços **makers** ou **hackers** que não seguem necessariamente os protocolos vigentes dos centros de pesquisa e desenvolvimento de universidade ou empresas. Aliás, muitos dos experimentos acontecem sob a transdisciplinaridade, ou seja, num campo experimental indefinido, pois transitam simultaneamente em diversos campos do conhecimento, "selvagem", já que são puros e ingênuos nas consequências do que se está produzindo e transgressor por não se encaixarem nos limites estabelecidos pela ciência. Muitos afirmam que os verdadeiros experimentos em série estão mais próximos da arte e da filosofia do que da ciência e da tecnologia.

PROPÓSITO COM LIBERDADE

Este talvez seja o operador dos mais essenciais, pois está na raiz de todos os demais já que diz respeito a indivíduos insatisfeitos, inquietos e inconformados com o status quo e que resolvem realizar intervenções no mundo em que vivemos. Em geral, são pessoas mais movidas pelos desafios que irão enfrentar do que pelo ganho material que obterão por aquilo que fazem. Para tanto, estabeleceram em suas vidas um estilo em que trabalho, lazer e educação já não se separam mais com demandas e implicações diretas sobre jornada de trabalho [flexibilidade em vez de rigidez], necessidade de conhecer e experimentar outros contextos e lugares ou simplesmente interagir mais com a família e os amigos. Não é à toa que dificilmente este perfil se encaixa como "funcionário", "empregado" ou "colaborador" das organizações e parece ser tão difícil e custoso às áreas de recursos humanos [ou desenvolvimento humano] reter este tipo de profissional ou mesmo nutrir um movimento interno de intraempreendedorismo.

Neste instante o leitor deve estar visualizando a alquimia gerada pela obliquidade e exaptação somada à mentalidade global, desobediência responsável, abertura e colaboração em rede, experimentação em série e propósito com liberdade. Certamente os processos com os quais trabalham aplicados com intencionalidade podem provocar mudanças significativas nos sistemas. Na essência, empreender de maneira disruptiva é uma forma de crítica social. A intenção de antecipar futuros carrega em si a rejeição do status quo, uma oposição implícita a realidades que já não servem mais aos olhos e vontades de quem projeta e empreende. Nas palavras do pensador italiano Giuilio Argan "não se projeta nunca para, mas sempre contra alguém ou alguma coisa: [...] contra a exploração do homem pelo homem, contra a mecanização da existência, contra a inércia do hábito e do costume, contra os tabus e a superstição, [...]; sobretudo, projeta-se contra a resignação do imprevisível, ao acaso, à desordem, aos golpes cegos dos acontecimentos, ao destino."[71]

71 // Giulio Carlo Argan, *Projeto e Destino*, São Paulo, Ática, 2001, p. 53.

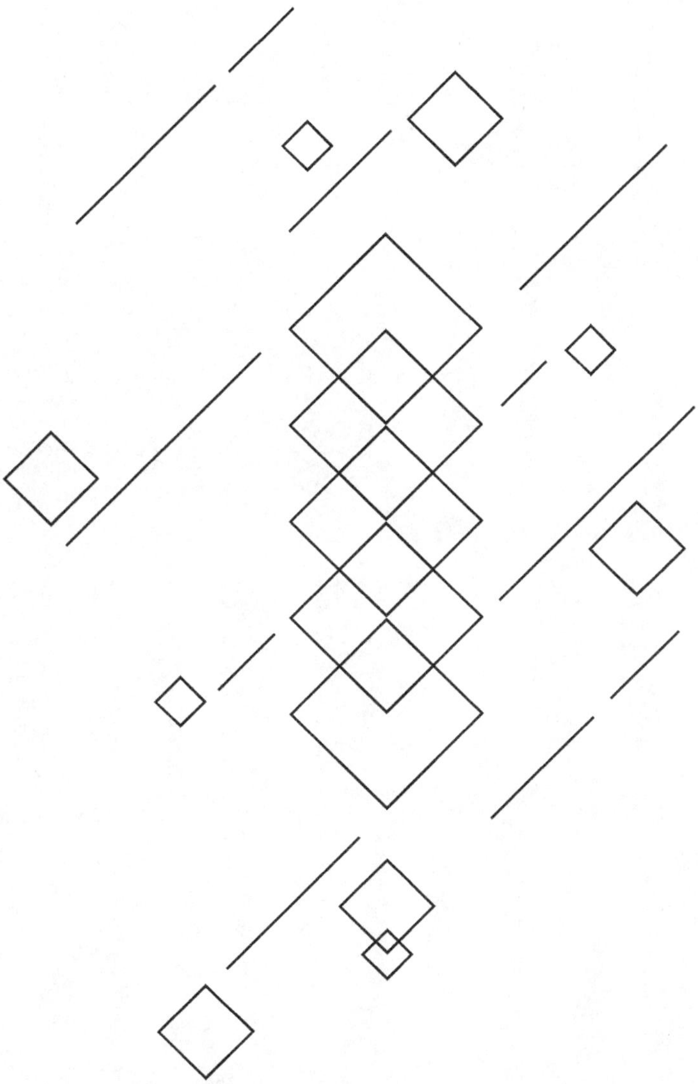

APÊNDICE A

O DESIGNER COMO PROJETISTA DE NOVAS REALIDADES

Ao vermos o design como uma expressão social de criação e produção do imaginário coletivo, nos abrimos para iniciar uma discussão sobre o que é realidade.

As definições são inúmeras, passando por conceitos psicológicos até os ligados à física. Ao tratarmos a realidade como fruto de uma construção social complexa, passamos a analisar a criação de realidades dentro de uma tricotomia social[72], cuja construção é forjada pela intersecção indivíduo-coletivo em uma matriz cultural composta de símbolos, ritos e mitos, estabelecidos por um paradigma social vigente. A realidade passa a ser fruto de um estado de coconsciente e coinconsciente estabelecido entre as diversas relações humanas existentes em um contexto.

Ao olharmos a partir dessa perspectiva, podemos interpretar que a diferença existente entre realidade [fatos] e ficção é a capacidade de propagação de um ideal [meme] em uma sociedade, onde a ficção se limita à visão contida em um indivíduo e não compartilhada por um coletivo. Se prosseguirmos nessa lógica, vemos que o que distancia a ciência dos fatos [**sci-facts**] das ciências das ficções [**sci-fi**] é uma lacuna de aceitação social, limitada pelo tempo de abertura à experimentação e propagação de um novo paradigma.

Ao estudarmos as grandes transformações sociais ocorridas em nossa história, identificaremos empreendedores sonhadores que passaram suas vidas idealizando novas realidades e tentando propagá-las dentro de um modelo de realidade preestabelecido. Entre a ficção e a realidade, nota-se uma brecha delimitadora estabelecida pelo tempo em que a tensão social de um coletivo se manterá até que se estabeleça uma nova **visão comum**. Vale lembrar que, para Bauman [2010], uma das dificuldades vividas pela atual sociedade líquida é justamente a incapacidade de se prender a um ponto futuro. A dinamicidade e efemeridade dos nossos tempos faz com que o filósofo veja isso como o fim da utopia [ou distopia] na sociedade. Ou seja, deixamos de ser capazes de refletir profundamente sobre o contexto em que vivemos, o que impossibilita a projeção de uma intervenção para o futuro. Diante da dificuldade de projetar o futuro a partir da reinvenção constante, surge uma sociedade insegura, com inúmeras incertezas e que tem como um dos efeitos colaterais a ansiedade paralisante e a falta de propósito para a construção do amanhã.

Na tensão ficção-realidade, o design passa a atender as demandas por criatividade e inspiração via jornada que estimula o ato de se lançar à frente [projetar-se no

72 // Ver Moreno [2014].

futuro] e [co]criar novas realidades com o objetivo de estabelecer, mesmo que momentaneamente, um propósito comum.

Desta brecha entre a ficção e a realidade surge o **design fiction**[73] [**especulativo e experimental**], uma plataforma de linguagem aberta onde múltiplos atores ["poli-protagonistas"], possam [co]criar realidades — utópicas, distópicas e mescladas, conceber modelos éticos e estéticos inspiradores e experimentar previamente para que, posteriormente, possam desenvolver uma consciência coletiva sobre um possível contexto [tempo-espaço] a ser vivido. A capacidade de experimentação, e não necessariamente aceitação de possíveis realidades, mostra o grau de abertura e conservadorismo de uma sociedade, entenda-se conservadorismo no sentido de se manter ligado às inúmeras conservas culturais existentes, o conjunto de crenças, valores, padrões e paradigmas.

REALIDADES POSSÍVEIS, PROVÁVEIS E PREFERIDAS

Ao encararmos o design como uma plataforma criativa capaz de conceber realidades, passamos a discutir sobre as inúmeras realidades existentes. Seria a realidade de um indivíduo ou de um pequeno coletivo a mesma de um país? Seria a realidade brasileira a realidade sul-americana? Seria a realidade futura totalmente correlacionada à atual?

As possibilidades são incontáveis e racionalmente impossíveis de serem previstas. Mesmo com o uso de computadores e cálculos probabilísticos avançados,só seríamos capazes de projetar realidades prováveis e, por isso, ao falarmos de conceber realidades não nos atemos à necessidade de prever o que realmente acontecerá, mas sim de experimentar processos que possam estimular a construção de realidades possíveis, que possam servir de insumo para a criação de visões utópicas e/ou distópicas inspiradoras, impossíveis de serem alcançadas em seus mínimos detalhes, mas que sirvam de referências para o imaginário coletivo.

Parece um processo complexo ao descrevermos o design de realidades, porém, há um exemplo que pode elucidar isso de maneira simples, quando os pais acabam fazendo isso ao intervir na vida de uma criança ao fazer a célebre pergunta provocativa "**O que você quer ser quando crescer?**" Essa ação faz com que essas múltiplas realidades comecem a tomar forma. A criança passa a avaliar suas

---

73 // https://en.wikipedia.org/wiki/Design_fiction

possibilidades — internas e externas, mesmo que inconscientemente — para dar uma resposta que ao longo de sua vida passará a ser uma verdade ou não, baseada em experimentações de modelos ligados a essa visão e aprendizagem constatadas. Ela passará a traçar opções a partir de uma visão futura, limitada por um contexto social de seu conhecimento que a fará traçar estratégias de vida para atingir um objetivo final que permanecerá em constante mudança. Neste contexto, a futura profissão da criança poderá ser qualquer uma, porém, podemos avaliar **retrospectivamente**, a partir de um histórico familiar, **prospectivamente**, a partir do histórico social, ambiental e tecnológico ao qual ela provavelmente será exposta, ou **especulativamente**, ao fazermos um exercício onde irracional e aleatoriamente ela escolha opções fora de sua matriz cultural. Independentemente da visão escolhida por ela e dos rumos que a sociedade irá caminhar como um coletivo ela terá uma visão de sua preferência a ser perseguida e construída em um espaço-tempo.

Ao compreender isso, é importante diferenciar o conceito de realidades possíveis, prováveis e desejáveis dentro de um processo estabelecido pelo **design fiction**. A partir disso, ficam evidentes que algumas orientações dentro do processo determinarão o resultado final. Criar realidades, **retrospectivas**, **prospectivas** e **especulativas** nada tem a ver com o futuro. Essas realidades alternativas podem ser exploradas em diversos momentos no **chronos** [tempo]. Projetar o futuro do passado, o futuro do presente e o futuro do futuro são forma de criar múltiplas realidades e estimular indivíduos e sociedade a terem consciência sobre a realidade a qual queremos viver, bem como traçar quais intervenções necessárias para a mudar, se assim quisermos.

PROJETANDO FUTUROS

Ao se propor projetar o amanhã no sentido de se lançar à frente é preciso ter clareza de que a matriz cultural estabelecida influenciará ao longo de todo processo de concepção, de forma consciente ou inconsciente. Projetar realidades futuras passa por lidar com o conceito que temos do tempo e como acreditamos que ele se desenrolará ao longo de todo o exercício. Ao olharmos para trás, no **chronos**, acessamos nossas memórias e, com elas, podemos estabelecer o sistema de crenças e valores vividos — **visão retrospectiva**. A importância de se estudar o passado é entender os padrões estabelecidos para que, a partir desse ponto, possa ser feita a escolha de projetar o amanhã e o depois de amanhã seguindo a lógica dedutiva-indutiva aplicada à **visão prospectiva** e/ou a lógica contraindutiva e/ou abdutiva aplicada à **visão especulativa**.

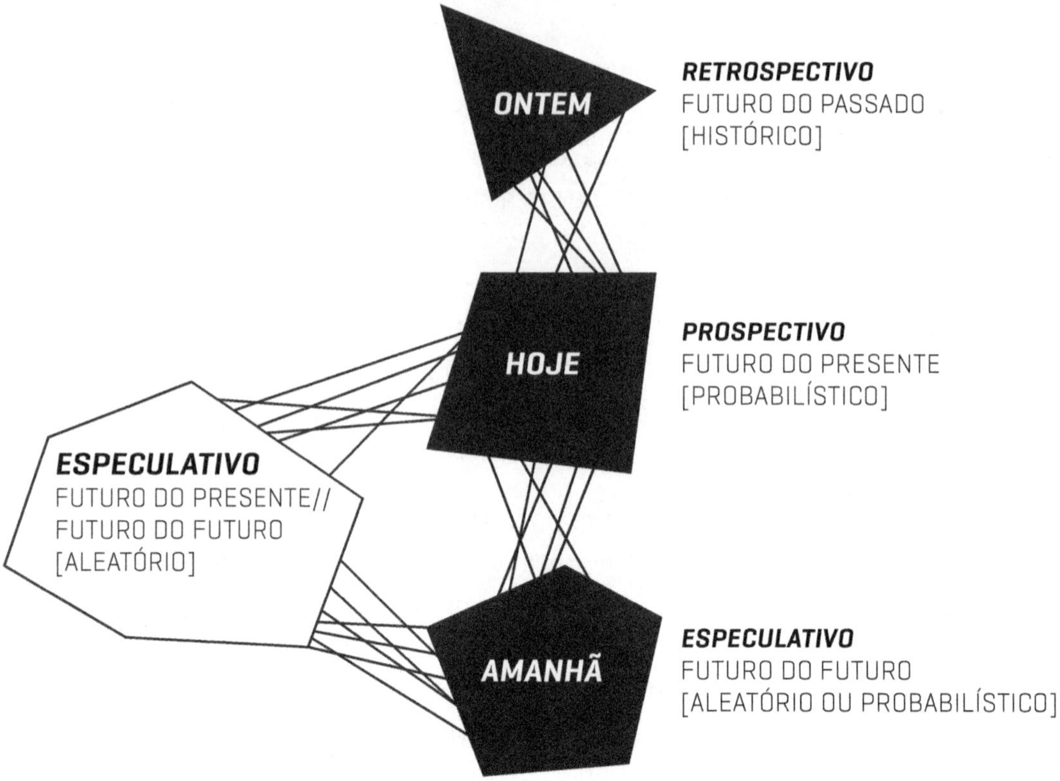

As duas formas de projetar o futuro são distintas e podem gerar resultados diferentes durante o processo de criação.

Visão especulativa [lógica contraindutiva e/ou abdutiva]: Busca um design experimental e especulativo sem responsabilidade com a realidade de fatos ou sistema de crenças estabelecido e sim como o intuito libertador de expandir a consciência criativa e estimular a criação de repertório criativo e social, como faziam os jovens ligados ao Archigram[74]. A ideia desse primeiro movimento é romper conscientemente com padrões e paradigmas preestabelecidos em busca de soluções alternativas pouco ou quase nunca imaginadas em um processo de design orientado a se adequar ao contexto social já existente.

---

74 // http://www.arcspace.com/bookcase/archigram---a-guide-to-archigram-1961-1974/

Ilustração da revista Archigram.

O contraponto ao se desenvolver uma realidade extremamente especulativa é a perda de conexão com uma matriz cultural existente, exigindo um nível de abstração e conexão com a realidade de fatos incomuns para a sociedade em geral. Para muitos, o termo ficção está mais associado a esse conceito de realidades "não real" e alternativas do que o processo de concepção de realidades possíveis.

Visão prospectiva [lógica dedutiva-indutiva]: A segunda forma como lidamos com a projeção de futuros é a construção de visões pautada no modelo de valores e crenças existentes. A prospecção a partir de estudo de sinais e tendências emergentes na sociedade, sejam eles fortes ou fracos, pautam uma visão complementar ou adaptativa ao paradigma existente. Aqui busca-se um design de realidades que harmonize melhor as relações entre a realidade ficcional e a realidade de fatos estabelecidos no contexto social em estudo. A regra MAYA[75] — "**Most advanced, yet acceptable**": cunhada por Raymond Loewy [fig. 2], encaixa perfeitamente como uma diretriz criativa para este tipo de processo criativo.

75 // www.interaction-design.org/literature/article/design-for-the-future-but-balance-it-with-your-users-present

Raymond Loewy.

Respeitar o contexto social no qual a projeção será inserida também permite dialogar mais facilmente com os integrantes dessa possível realidade. As diferenças e limitações sociais, ambientais e tecnológicas levadas em consideração ao se projetar são claramente induzidas pela matriz cultural estabelecida, servindo como um tecido social importante e facilitador da transformação a ser feita.

É válido lembrar que a realidade cultural de um indivíduo é diferente de um coletivo, o mesmo se aplica a realidade geográfica, onde o futuro visto pela parte sul do mundo é diferente da visão da parte norte [o mesmo se aplica a relação ocidente-oriente], bem como a realidade temporal, onde a visão de um futuro próximo é diferente de um futuro distante.

O contraponto a essa linha de pensamento é que a criação da visão de futuro passa a ser ancorada em uma realidade que pode ser rompida por uma lógica de pensamento irracional e disruptiva levando a concepção de um modelo fragilizado caso haja uma ruptura no paradigma corrente.

Por princípio, ao concebermos visões de futuros dentro de contexto prospectivo ou especulativo, devemos estimular a [co]criação de qualquer realidade, seja ela hermética, asséptica ou não. A priori, ao desenharmos futuros simetricamente perfeitos [utópicos e distópicos], surge a possibilidade de desenvolver visões imperfeitas onde utopia e distopia se mesclam organicamente, trazendo consigo uma visão mais crítica e provocativa da realidade concebida. Podemos ver bons exemplos disso no trabalhado realizado por Keiichi Matsuda — em **Hyper-reality**[76] —, Studioflux — em **Uninvited guest** — e **Near Future Laboratory**[77] — em **Winning Formula**[78] — que mostram claramente as diferenças culturais, geográficas e temporais que compõem a visão de futuros.

Independentemente da forma em que será concebida a visão de futuros, é importante ter lucidez de que não é natural lutarmos contra nossos instintos de manutenção do status quo e de nos colocarmos em situações distópicas, cuja aceitação é mais difícil e exigirá uma mudança radical da matriz cultural estabelecida.

Imagem do concept film, Hyper-reality, feito por Keiichi Matsuda.

DO IMAGINÁRIO À REALIDADE

Tudo o que temos ao nosso redor foi fruto de um imaginário individual ou coletivo. Imaginar, sonhar para posteriormente criar é uma atividade inerente ao ser humano. Os sonhos individuais ou coletivos são a mola propulsora para construção do amanhã. O sonho permite a suspensão de nossos valores e crenças e dá permissão ao imaginário, tornando-se um dos movimentos mais poderosos em

76 // http://hyper-reality.co/

77 // https://vimeo.com/128873380

78 // http://winningformula.nearfuturelaboratory.com/

um processo criativo. Antes de termos pinturas, modelos, processos produtivos, livros, roupas, automóveis, móveis, praças, prédios computadores, smartphones, aplicativos, redes sociais e tudo o que há nesse mundo, tivemos pessoas que foram capazes de os enxergar antes mesmo que fizessem parte de nossas vidas. Ao se permitirem olhar as coisas de ângulos e forma diferentes, elas romperam com a conserva cultural estabelecida para entrarem no solitário **mundo dos insights** e se fazerem a pergunta que as levaria adiante, "e se...?" ou "por que não".

A partir daí, suas indagações se tornaram visões e conformaram ideais que alimentariam o imaginário individual ou de um coletivo para acessarem o amplo **mundo das ideias** e as transformarem em algo de valor para a sociedade no **mundo das coisas**. Trilhar o caminho do imaginário [da ficção] à realidade [do fato] é a **via crucis** de todos aqueles que lutam para tornar suas ideias reais. Muitos caminhos e estratégias para criação já foram e vêm sendo traçados e tomados para facilitar essa difícil jornada.

A criação da ficção é uma dessas estratégias. Ao criarmos algo ficcional permitimos, mesmo que momentaneamente, a nós mesmos e as pessoas ao nosso redor suspenderem seus juízos de valor para imaginar possibilidades. Evocar termos como "imagine se, faz de conta que, era uma vez, em um futuro muito distante, em um planeta totalmente diferente desse" nos permite olhar de forma diferenciada tudo o que fazemos. A construção de uma ficção nos liberta facilmente de amarras que acreditamos serem reais, facilitando o processo criação.

É desta estratégia criativa que o **design fiction** se apropria para dar vida aos sonhos, tangibilizar o imaginário e construir coletivamente novas possibilidades. Mais do que um processo de criação, a ficção se instaura em nosso imaginário — individual e coletivo — e permite abrir portas para que possamos dialogar sobre as inúmeras possibilidades que se apresentam diante de nós.

Uma das âncoras de sustentação do **design fiction** é a construção [tangível e intangível] da narrativa. Ela evoca com facilidade nossa capacidade de sonhar e de enfrentar nossos piores pesadelos. O processo de despertar e fixar um ideal em nosso imaginário já vem sendo utilizado em diversas mídias: museus, livros, quadrinhos, teatro, cinema e games são os grandes difusores de realidade do nosso tempo. Ao lermos livros e contos como **Neuromancer**, **Admirável mundo novo** ou **Eu, robô**, assistirmos filmes como **Metropolis**, **Star Wars**, **Transcendence** e seriados como **Star Trek**, **Twilight Zone** e **Black Mirror** estamos lidando diretamente com a projeção consciente das possibilidades que podem direcionar a sociedade de amanhã.

O processo criativo desse tipo de trabalho tem sido adotado por instituições públicas e privadas tais como Fundação Telefônica Vivo, no Brasil, Intel, nos Estados Unidos, e MINI, na Europa, para construção de novas realidades e identificação das necessidades sociais de amanhã. Por meio do projeto "**Tomorrow Project**"[79] a Intel abriu uma sessão "**A day in my life in 2025**" e atraiu jovens estudantes para escreverem histórias sobre o futuro. O intuito do projeto era mapear o imaginário coletivo e utilizá-lo como parte do processo criativo denominado **science fiction prototype (SFP)**[80], cunhado por Brian David Johnson, futurista responsável por desenhar caminhos futuros para a empresa. A MINI, em parceira com a Deezen, criou o projeto "**Frontiers**"[81] que tinha como objetivo visualizar o "**futuro da mobilidade**", em uma jornada de um ano que a colocaria em contato com diversos designers que lidam com tecnologias que mudarão a realidade de amanhã. O resultado dessa jornada foi conferido no **London Design Festival de 2014**, onde a empresa apresentou novos conceitos para o transporte futuro e um **concept film**[82] que mostra a integração da realidade aumentada às necessidades de um futuro próximo dos clientes da marca. Esse projeto foi utilizado para a orientar toda a área de criação da empresa direcionando com clareza qual futuro a ser perseguido.

Em um mundo em busca de propósito e visão mais clara sobre o futuro, o **design fiction** passa a ser uma plataforma consciente de concepção e experimentação de novas realidades, onde os designers são vistos como criadores de imaginários coletivos e construtores de realidades que utilizam da força da narrativa e das mídias — tangíveis e intangíveis — como um meio para estabelecer uma conexão mais fácil entre a sociedade e as novas possibilidades. Abrindo, assim, uma plataforma de diálogo entre a sociedade e as instituições responsáveis por ajudá-la a construir o futuro preferido.

---

79 // http://tomorrow-projects.com/

80 // https://en.wikipedia.org/wiki/Science_fiction_prototyping

81 // http:/dezeen.com/2014/06/10/dezeen-and-mini-frontiers-exhibition-the-future-of-mobility/

82 // https://vimeo.com/126952664

Concept do projeto MINI Augmented Vision.

O DESIGNER, (CO)CRIADOR DE REALIDADES

QUAL SERÁ O PAPEL DO DESIGNER E DO CRIATIVO NA CRIAÇÃO E CONSTRUÇÃO DE REALIDADES?

Será muito mais abrangente do que o papel atual. Mais do que conceber coisas, deverá estar preparado para lidar com pontos que permeiam o intangível. Entender o contexto social onde o projeto se aplica, estar conectado com as tendências futuras, conceber perguntas que provoquem e estimulem a sociedade e facilitar o debate público e a transição para a realidade escolhida serão atividades corriqueiras para esse tipo de profissional. Interpretando e parafraseando uma frase dita por Paulo Mendes da Rocha, onde arquitetos desenham casas e edifícios com o intuito de repensar as cidades, designers de realidade concebem artefatos tangíveis e intangíveis sempre com o intuito de provocar o imaginário social. Dentro dessa lógica entendemos designers pessoas multidisciplinares capazes de visualizar um cenário futuro, estabelecer uma visão, estruturar uma narrativa com uso de mídias tangíveis e/ou intangíveis e conectar à sociedade possíveis realidades. O papel assumido pelo designer nesse processo criativo passa a ser de "fazer o estranho familiar e o familiar estranho"[83]. Nesse conceito vemos o cinema, **video making**,

---

83 // Interpretação do autor para a frase *"The two most engaging powers of an author are to make new things familiar, familiar things new"*, de William Makepeace Thackeray.

games e **realidade virtual** como algumas das mídias que poderão ser mais exploradas. Em nosso espírito do tempo, pensar a sobreposição de realidades já não é mais fantasia. Ao testemunharmos o surgimento da **realidade aumentada** em nossa sociedade, vemos a sobreposição da realidade ficcional sobre a realidade dos fatos, vemos, pela primeira vez, um mundo onde a "**esquizofrenia**" é amplamente aceita socialmente e as pessoas escolhem em qual realidade querem viver.

Os **Fictions Designers** [**ou Designer de Ficção**] serão aqueles que construirão realidades e provocarão a sociedade a pensar qual o caminho a ser seguido. A chegada de **dispositivos** que permitem acesso imersivo em realidades ficcionais, a exemplo de **Pokemón Go**, permitirá que diálogos sejam travados em **multiversos**[84] **digitais**, onde a realidade em construção poderá ser experimentada e avaliada antes mesmo de ser fisicamente produzida. Neste cenário, coletivos com designers criativos, como **Near Future Laboratory**, **Chageist** e **Superflux**, têm se mostrado promissores em lidar com o tema design de futuros. No Brasil, vemos o surgimento ainda acanhado deste tipo de design orientado ao futuro. No entanto, começam a despontar projetos relevantes, tais como, **video music** "**Duas de Cinco**",[85] feito pela **Paranoid**, o programa **TerraDois**,[86] da TV CULTURA, e o próprio "**Road Experience**",[87] feito pelas equipes de criação da Symnetics Brasil, Instituto Mauá de Tecnologia e outros parceiros.

QUAL É A REVOLUÇÃO VIVIDA PELO DESIGN E DO DESIGNER NESSE NOSSO TEMPO?

O design mostra-se, mais uma vez, como um processo criativo interessante, capaz de evocar o lado criativo e estratégico da criação, com o intuito de ajudar a sociedade em sua busca incessante pelo bem-estar social. O designer passa a ser projetista de novas realidades sociais, impulsionado pela própria expansão do conceito de realidade em que vivemos hoje, instigador social, [co]criador de possibilidades e apoiador da transformação social rumo à realidade que faça sentido ao indivíduo e ao coletivo. Essa seria a visão contemporânea de um design fruto de nosso espírito do tempo.

---

84 // https://pt.wikipedia.org/wiki/Multiverso_(ci%C3%AAncia)

85 // https://www.youtube.com/watch?v=MCtVS9wh26Y

86 // https://www.youtube.com/watch?v=-wP0v5_E-xA

87 // http://symnetics.com.br/roadexperience/

APÊNDICE B

NOSSA INSPIRAÇÃO: ARTE SEQUENCIAL E RUPTURA

De certo modo, o mundo das artes nos fascina não somente pelas diversas formas como ele dá vida às linguagens, mas pelo modo como é aplicado para desconstruir o que tomamos como certo. Mais do que melhorar ou harmonizar o mundo ao nosso redor, a arte vem para nos incomodar, provocar e nos tirar do centro, criando uma ruptura em nosso sistema de crenças e valores. Independentemente do tipo de mídia em que ela será configurada, a arte promove reflexão, catarse e mudança.

Nossa inspiração para escrever esse livro vem de diversos tipos de arte, mas tem conexão direta com um em específico, a arte sequencial[88], pela sua capacidade de estimular o imaginário social entre uma sarjeta[89] e outra e adentrar uma zona fértil para a criação. Ao imaginarmos o futuro e configurarmos cenários nos deparamos constantemente com a brecha que separa a realidade da ficção. A arte sequencial manifestada quadro a quadro preenche a lacuna das possibilidades e traz à tona um roteiro de como podemos construir novos rumos. Os quadrinhos e o cinema são produtos do homem imaginário[90] que se utiliza de seus fantasmas interiores para construir e costurar a realidade em que se quer viver. Para nós, a arte sequencial nos desprende da realidade, nos liberta dos condicionamentos, tempos e movimentos sobre os quais estamos inseridos e abre nosso campo de imaginação.

O ato de projetar novos modelos está pautado na inquietação, no inconformismo com as respostas, nas soluções que nos são apresentadas pelo mundo. Isto abre espaço para lançar a mente à frente, explorar possibilidades e estabelecer uma visão de futuro sobre a qual se poderá se criar uma nova realidade. O que é ficção ganha status de propósito e passamos a introjetar novos conceitos na cultura dominante. Como sociedade fomos acostumados a trabalhar dentro da zona de conforto e segurança da realidade. Símbolos, ritos e mitos são construídos dentro da cultura existente para reforçar seus paradigmas e garantir a manutenção do **status quo**.

Para projetar no design estratégico, criamos uma zona ficcional, desconhecida, de escape e que nos permite sonhar e imaginar realidades diferentes da nossa.

---

88 // Termo cunhado por Will Eisner em seu livro *Quadrinhos e a arte sequencial*.

89 // Lacuna existente entre um quadro e outro explicada por Scott McCloud, em *Desvendando os quadrinhos*.

90 // Edgar Morin em *O cinema ou o homem imaginário*.

Realidades estas que nos colocam numa zona de medo [do desconhecido] e de desconforto e, portanto, vai gerar resistência, polêmica, controvérsia.

A arte sequencial e seus roteiristas, ilustradores, artistas e cinegrafistas é capaz de cruzar essa barreira da racionalidade e nos transportar para universos paralelos, permitindo explorar e incubar novos conceitos e modelos da sociedade. Munidos de pensamentos como "era uma vez", "imagine que", "e se" ou "por que não" estes artistas pedem licença à racionalidade para quebrarem normas vigentes e alimentam nossas mentes com fantasias. Muitos destes universos antecipam um novo conceito e nos despertam para vivenciarmos um modus operandi diferente. Este impulso criativo abre uma brecha entre ficção e realidade, permitindo que possamos criar e dar vazão aos sonhos mais loucos, sem medo de sermos julgados, para, posteriormente, transformá-los em empreendimentos que moldarão o futuro.

A arte sequencial também nos ensina a criar e produzir novos modelos pelo design estratégico como se fossem verdadeiros empreendimentos de cinema ou quadrinhos, passando pela criação, pré-produção, produção e pós-produção. O novo modelo precisará de uma declaração de visão [posicionamento] por parte do[s] diretor[es], de um roteiro [estratégia] consistente para ser decupado criativamente por diversas áreas na etapa de pré-produção, para ser executado ou experimentado com precisão na etapa de produção e ser aprimorado nas etapas subsequentes de pós-produção. A maestria e o engajamento das pessoas em cada uma dessas etapas fará com que a criação e produção possam projetar modelos evolucionários [incrementais, adaptativos], revolucionários [disruptivos], **blockbusters** [massificados] ou **cults** [de nicho]. Os modelos de negócios ou modelos de atuação, assim como quaisquer modelos, com o passar do tempo viram padrões sociais, que passados pelas gerações, viram paradigmas arraigados em qualquer cultura. Eles devem ser sempre questionados e revistos quando necessário, assim como os **reboots**[91] e **remakes** das melhores histórias ficcionais dos cinemas e dos quadrinhos.

O design estratégico enquanto movimento, assim como na arte sequencial dos quadrinhos e do cinema, nos oferece direções criativas para um mundo em transformação.

91 // Termo utilizados para a reinicialização de uma estória no cinema ou quadrinhos — https://pt.wikipedia.org/wiki/Reboot_(fic%C3%A7%C3%A3o)

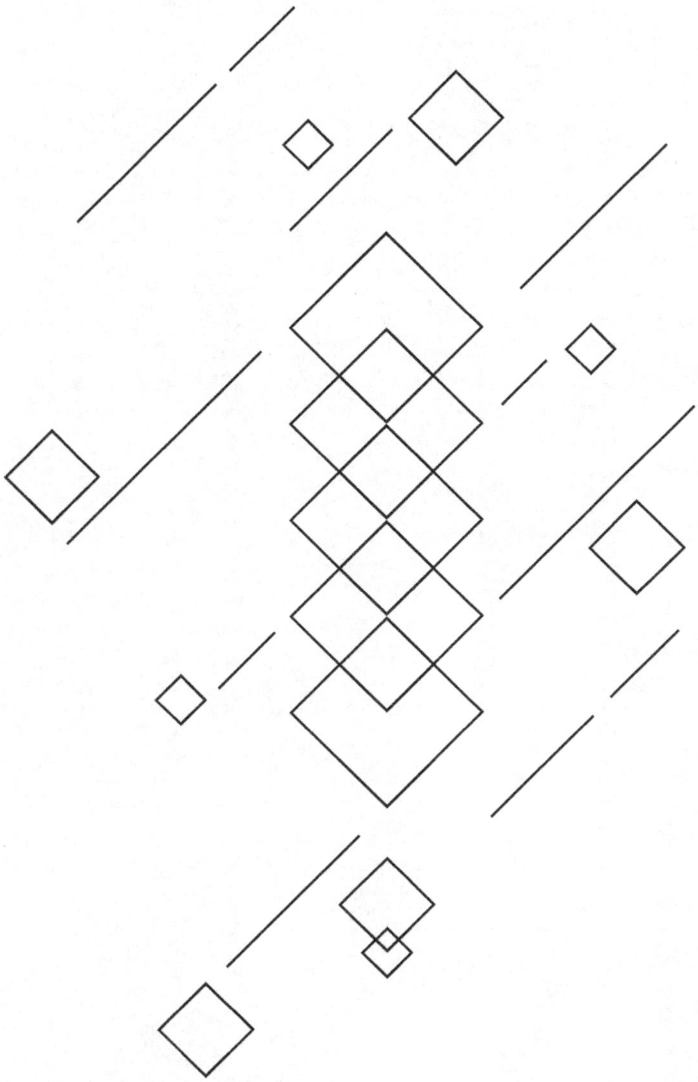

REFERÊNCIAS

LIVROS

Argan, G. C., "Projeto e destino", São Paulo, Ática, 2001.

Arriga, M., "Rebooting Democracy: a citizen's guide to reinventing politics", Thistle Publishing, 2014.

Barry, P., "Advertising Concept Book", Thames & Hudson, 2012.

Bauman, Z., "Liquid Modernity", Polity Press, 2000.

Bernholz, L., "Philantropy and the Social Economy", Grandcraft, 2016.

Blank, S. e Dorf, B., "The Startup's Owner Manual", K&S Ranc, 2014.

Campbell, J., "The Hero with a Thousand Faces", New World Library, 2008.

Cardoso, R., "Design para um mundo complexo", Cosac Naif, 2012.

Castels, M., "The Rise of the Network Society", Wiley-Blackwell, 2000.

Chomsky, N., "Governo no futuro", 2007.

Clay, A. E. e Phillips, J. M., "The Misfit Economy", Simon & Schuster, 2015.

Coutinho, A. e Penha, A., "Design Estratégico a partir do futuro", HBR Brasil, set/2015.

Cristiensen, C., "The Innovator's Dilemma: the revolutionary book that will change the way you do business", HBR Press, Harper Business, 2011.

Day, G. e Schoemaker, "Peripheral Vision", Harvard Business School Press, 2006.

Drucker, P., "Innovation and Enterpreneurship", Harper Perennial, 1985.

Dunne, A. e Raby, F., "Speculative Everything", The Mit Press, 2013.

Erner, G., "Sociologia das tendências", coleção GGModa, 2015.

Ferry, L., "A inovação destruidora", Objetiva, 2015.

Feyerabend, P., "Contra o método", Ed. Unesp, 2011.

Fraser, H., "Design para negócios", Elsevier, 2012.

Fukuyama, F., "The Origins of Political Order", Profile Books, 2011.

Gennep, A. V., "The Rites of Passage", University of Chicago Press, 2011.

Gilad, B., "Early Warning ", Amacom, 2013.

Govindarajan, V., "Ten Rules for Strategic Innovators – from Idea to Execution", Harvard Business School Press, 2005.

Gouillart, F., "The Co-creation Edge", Palgrave MacMillan, 2016.

Grant, Adam, "Originals", Viking, 2016.

Han, B. C., "A sociedade do cansaço", Vozes, 2015.

Himanen, P., "The Hacker Ethic", Random House, 2009.

Innes, J. E. e Booher, D., "Planning with Complexity: an introduction to collaborative rationality for public policy", Routledge, 2010.

Ismail, S., "Exponential Organizations", Singularity, 2014.

Johnson, B., "Polarity Management", Human Resource Development Press, 1996.

Johnson, B. D., "Science Fiction Prototyping", Morgan & Claypool Publishers, 2011.

Lidwell, W., Holden, K. e Butler, J., "Princípios universais do design", ed. Bookman, 2003.

Lietdka, J., "Designing for Growth: a design thinking toolkit for managers", Columbia Business School Publishing, 2011.

Llosa, M. V., "A civilização do espetáculo: uma radiografia do nosso tempo e da nossa cultura", Objetiva, 2013.

Mazzucato, M., "The Enterpreneurial State", Anthem Press, 2014.

McGrath, R. G., "The End of Competitive Advantage: how to keep your strategy moving as fast as your business", Harvard Business Review Press, 2013.

Moreno, J. L., "Psicodrama", editora Cultrix, 2014.

Kahane, A., "Transformative Scenario Planning", Berrett-Koehler Publishers, 2012.

Kay, J., "Obliquity", Profile Books, 2011.

Keeley, L. e outros, "Ten Types of Innovation", Wiley, 2013.

Kelley, T. e Kelley, D., "Creative Confidence: unleashing the creative potential within us all", William Collins, 2013.

Kim, C. e Maugborne, R., "A estratégia do oceano azul", Ed. Campus, 2005.

Kumar, V., "101 Design Methods", Wiley, 2012.

Kurzweil, R., "The Singularity is Near", Duckworth Overlook, 2010.

Landes, David S., "Prometeu desacorrentado", Campus Elsevier, 2ª edição, 2005.

Lahtrop, D. e Ruma, L., "Open Government", O'Reilly Media, 2010.

Latour, B., "Reassembling the Social", Clarendon Lectures in Management Studies, 2007.

Lipovetsky, G., "A estetização do mundo", Cia das Letras, 2015.

Low, J. e Kalafut P. C., "Vantagem invisível: como os intangíveis conduzem o desempenho da empresa", Porto Alegre: Bookman, 2003.

Madsbjerg, C. e Rasmussen, M.B., "The Moment of Clarity", HBR Press, Harvard Business Review Press, 2014.

Mancioli, M., "Nossa Arte", Elsevier, 2015.

Manzini, E. e Stolterman, E., "Design, When Everybody Designs", The Mit Press, 2015.

Mariotti, H., "Complexidade e sustentabilidade", Atlas, 2014.

Mariotti, H., "Pensando diferente", Atlas, 2010.

Martin, R., "Design de negócios, Elsevier, 2011.

Martin, R., e Lafley, A. G., "Playing to Win", Harvard Business Review Press, 2013.

Martin, R., "The Opposable Mind", Harvard Business Review Press, 2009.

Mason, H. e Martin, D., L. Maxell e D. Delia, "Trend Driven Innovation", Wiley, 2015.

Mintzberg, H., "O safari da estratégia", ed. Bookman, 2011.

Maurya, A., "Running Lean", O'Reilly Media, 2012.

Meadows, D., "The Limits to Growth: a report for the club of Rome's project on the predicament of mankind", Universe Books, 1972.

Morin, E., "O método", Sulina, 2003.

Neymeier, M., "The Desigful Company: how to build a culture of non stop innovation", Ed. New Riders, 2008.

Nicolesu, B., "O manifesto da transdisciplinariedade", Triom, 1999.

Nussbaum, B., "Creative Intelligence: harnessing the power to create, connect, and inspire", Harper Business, 2013.

Osterwalder, A., "Business Model Generation", Wiley, 2013.

Porter, M., "Competição", ed. Campus, 1999.

Ramaswamy, V. e Gouillart, F., "A empresa cocriativa", Elsevier, 2010.

Ramaswamy, V. e Ozcan, K., "O paradigma da cocriação", Atlas, 2016.

Ries, E., "A startup enxuta", Leya Brasil, 2014.

Rogers, E., "Difusion of Innovations", 1962.

Scoble, R., "Age of Context: mobile, sensors, data and the future of privacy", Harvard Business Review Press, 2014.

Sloan, J., "Learning to think strategically", Routledge, 2016.

Sponville, A. C., "El Capitalismo es Moral?", Ediciones Paidos Iberica, 2004.

Stacey, R., "Strategic management and organisational dynamics: the challenge of complexity", Harlow: Prentice Hall, 2002.

Tapscott, D., "Macrowikinomics", Portfolio/Penguim, 2010.

Taptiklis, T., "Unmanaging", Palgrave MacMillan, 2008.

Tetlock, P. E. e Gardner, D., "Superprevisões: a arte e a ciência da previsão", editora Gradiva, 2016.

Uhl-Bien e M. Russ, "Complexity Leadership", IAP - Information Age Publishing, 2011.

Verganti, R., "Design Driven Innovation", HBR Press, 2009.

Violla, B. "Writings 1973-1994", Mit Press, 1995.

Watson, R. e Freeman, O., "Futurevision", Scribe, 2012.

West, H. e Coutinho, A., "Business design", HBR Brasil, dez/2012.

Yelavich, S. e Adams, B., "Design as Future Marking", Bloomsbury Academic, 2014.

REVISTAS E PORTAIS

ABCDesign

The Alpine Review

Atlantic

Core 77

Economist

Enterpreneur

Fast Company

Harvard Business Review

Gatopardo

The Alpine Review

The Futurist

Monocle

MIT Technology Review

Model View Culture

The New Economy

Ressurgence

Rotman Management

Scenario

Scientific American

Sloan Management Review

Springwise

Stanford Social Innovation

Trendwatching

TrendOne

Wired

QUADRINISTAS

Alan Moore

Angeli

Art Spiegelman

Dave Gibbons

Enki Bilal

Fabio Moon e Grabriel Sá

Frank Miller

Glauco

Guy Deslisle

Kyle Baker

A. Jodorowski

J. M. de Matteis

J. de Muth

Joe Sacco

Laerte

Lourenço Mutarelli

Moebius

Neil Gaiman

Nick Sousanis

Quino

Robert Crumb

Scot Mc Cloud

Steve Dillon

Terry Moore

Will Eisner

Z. Janjetov

DIRETORES – CINEMA

Akira Kurosawa

Alain Resnais

Alan Parker

Alejandro Innaritu

Alexander Sokurov

Alfred Hitchcock

Amos Gitai

Andrei Tarkowski

Ang Lee

Bernardo Bertolluci

Brian de Palma

Christopher Nolan

Clint Eastwood

Cohen [irmãos]

Costas Gavras

R. W. Fassbinder

Denis Villeneuve

Dino de Laurentis

Francis Ford Coppola

Glauber Rocha

George Lucas

Guillermo del Toro

Guy Ritchie

Hector Babenco

Ingmar Bergman

Jaques Tati

James Cameron

Jean Claude Carriere

Jim Jarmursh

George Miller

Kleber Mendonça

Kristof Kieslowski

Luc Besson

Luchino Visconti

Luis Bunuel

Martin Scorcese

Pedro Almodóvar

Peter Greenaway

Peter Jackson

Pier Paolo Pasolini

Quentin Tarrantino

Ridley Scott

Roman Polansky

Stanley Kubrick

Stephen Frears

Steven Spielgerg

Teos Angelopoulos

Tim Burton

Zhang Yimou

Wachowsky [irmãos]

Werner Herzog

Wim Wenders

OS

AUTORES

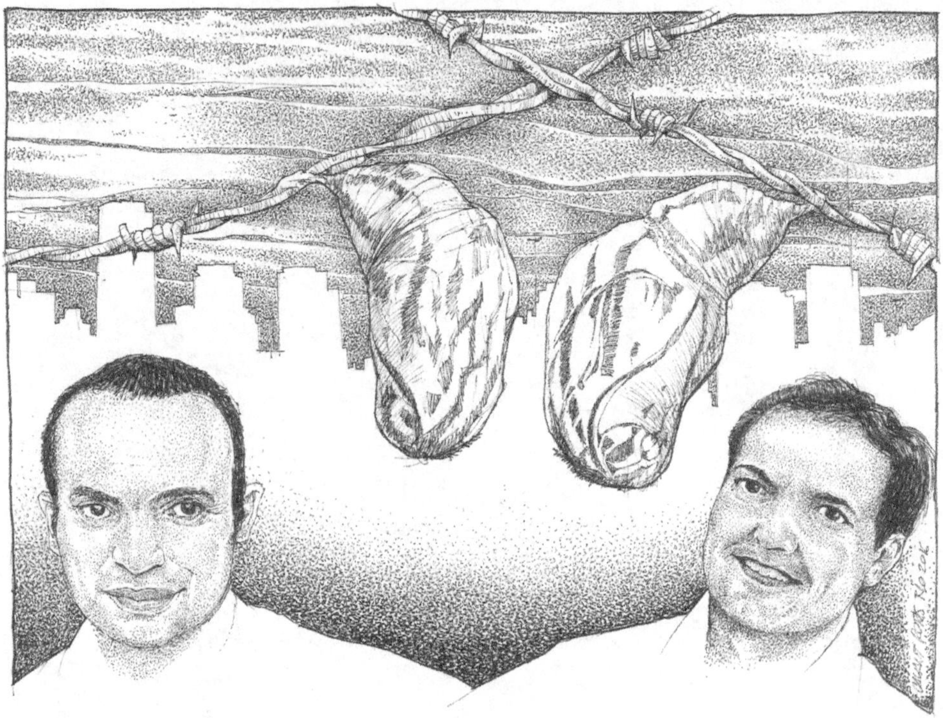

André R. Coutinho

linkedin.com/in/andrercoutinho

Um dos sócios da Symnetics há 20 anos, atuando como agente de inovação e transformação em parcerias estratégicas com empresas, organizações sociais e governos no Brasil, América Latina e África. Diretor do CIEL [Centro de Innovación y Estrategia para Latino America] da IAE [Argentina]. Professor da Fiap e Business School São Paulo. Sócio-fundador da Evolve, startup da economia circular cuja tecnologia transforma resíduos orgânicos em ingredientes e biocombustíveis. Coautor dos livros "Gestão da Estratégia" e "O Ativista da Estratégia". Ao longo da vida tem explorado os campos da economia, relações internacionais, administração, educação, gestão da complexidade, design e tecnologias emergentes. Colecionador de quadrinhos, fonte inesgotável de insights para a vida.

Anderson C. S. Penha

linkedin.com/in/andersonpenha/pt

Forjado na cultura do cordel, pai de Nina e Cadu e sempre em busca da playlist [seja ela qual for] perfeita. Segue atuando em projetos e empreendimentos criativos no Brasil, nas Américas e África, que possam trazer um olhar novo aos desafios de nossa sociedade. Fruto dessa jornada, cocriou o Pitch Fights e Foltigo, foi coautor do livro "O Ativista da Estratégia" e apoiou na curadoria de eventos como Virada Empreendedora e criação da Tech Fair no país. Atualmente, como um dos sócios da Symnetics, colunista da revista ABCDesign e Professor do IED [Instituto Europeu de Design] e da Sustentare Escola de Negócios, tem se engajado na pesquisa e desenvolvimento de conteúdo, experimentos e empreendimento que permitam uma atuação mais fluida entre as áreas ligadas às Artes, Humanidades, Saúde e Tecnologias, de modo a contribuir com a interminável conscientização da sociedade sobres suas infinitas opções e escolhas.

ÍNDICE

O

P

R

S

T

U

V

W

Z